Du ha

Otto Betz

Du hast Engel um Dich

Kleine Lehre des guten Lebens nach Rainer Maria Rilke

Vier-Türme-Verlag

Die Deutsche Bibliothek – CIP-Einheitsaufnahme
Ein Titeldatensatz für diese Publikation ist bei
Der Deutschen Bibliothek erhältlich.

1. Auflage 2001

Umschlaggestaltung und Satzentwurf: Elisabeth Petersen,
München
Umschlagbild: Ausschnitt aus Sandro Boticelli: „Die Geburt
Christi“ (Artothek, Peissenberg)
Satz: Vier-Türme GmbH, Benedict Press,
Münsterschwarzach
Druck und Bindung: Friedrich Pustet, Regensburg
ISBN 3-87868-278-6

Inhalt

»Weitergeben: das wird schließlich mein vorzüglichstes Amt sein«

Es gibt vermutlich nur wenige Dichter, mit denen sich so viele Menschen verbunden fühlen wie mit Rainer Maria Rilke. Wenn jemand nach den Lieblingsgedichten fragt, dann stehen Verse von Rilke häufig sehr weit oben auf der Skala. Und nicht wenige erzählen, daß die Beschäftigung mit dem Werk dieses Dichters ihre persönliche Lebensgeschichte wesentlich beeinflußt hat. Mir ist es, das darf ich gestehen, genauso gegangen. Als Schüler füllte ich ganze Vokabelhefte mit Gedichten Rilkes voll, denn ich hatte kein Geld, mir Bücher zu kaufen, Schulhefte dagegen wurden von den Eltern bewilligt. – Und eines dieser Hefte war immer in meiner Tasche.

In späteren Jahren wunderte ich mich manchmal, daß mir viele der früher heißgeliebten Gedichten fremd geworden waren, dafür traten aber andere an ihre Stelle, es kamen die Briefe dazu, die Faszination des »Malte« setzte ein. Selbst die Bruchstücke und Entwürfe mit ihren oft rätselhaften Signalen übten eine unglaubliche Anziehungskraft aus.

Womit läßt sich die über so viele Jahrzehnte anhaltende Wirkung Rilkes erklären? Wie kommt es, daß sich immer wieder neu eine junge Generation mit diesem Dichter befaßt? Ist es die Melodik und der Bilderreichtum seiner Verse? Das mag sicher eine Rolle spielen, aber es muß noch andere Gründe geben. Im Grunde sind wir doch immer auf der Suche nach einem Schlüssel, der uns die Rätsel des Daseins erschließt, wir hoffen, daß uns gangbare Wege in ein erfülltes Leben gezeigt werden. Wie oft erleben wir uns selbst als Hilflose und Blinde, die nicht wissen, warum sie am Leben sind und wohin sie gehören. Und wir haben das Verlangen, etwas mehr Licht in die Schichten unseres Bewußtseins zu bekommen. Dichter sind Augenöffner, vielleicht können sie durch ihre Sensibilität und ihre Sprachkraft dazu beitragen, etwas mehr Klarheit und Struktur in unser Dasein zu bringen.

Rilke selbst allerdings wäre sicher skeptisch, wollten wir ihm eröffnen, daß er unser Geleiter zum rechten Leben sein solle. Er war nämlich davon überzeugt, daß Menschen einander nur sehr bedingt verstehen und helfen können. Jeder lebt in seiner eigenen Welt und muß sich mit seiner Einsamkeit abfinden. Aber der selbe Rilke hatte eine bewundernswerte Gabe, sich in andere Menschen einzufühlen, er suchte ihre Nöte zu verstehen, empfand ihre Krisen und Umbrüche mit und half ihnen oft schon dadurch bei der Bewältigung ihrer Situation. Und er, der dem Trost und der Tröstung eher mißtraute und den Ratschlägen skeptisch gegenüberstand, tröstete mit seinen Briefen viele Menschen und wurde – fast wider Willen – zu ihrem Ratgeber. Sein ruhiges ›Schauen‹, die Teilnahme an den Verwicklungen der Schicksale, die vorsichtigen Winke und Fingerzeige, vor allem das Beispiel seiner ausdauernden Geduld, das Durchstehen eigener depressiver Phasen, scheint anderen Menschen Mut gemacht zu haben, ihr Leben anzunehmen und wieder eine Perspektive der Hoffnung zu gewinnen. Ein Prediger und Lehrmeister wollte er wahrhaftig nicht sein, aber für erstaunlich viele Menschen wurde (und wird) er zum Seelenführer und Lebensbegleiter.

Es war kein leichtes Leben, das Rilke durchzustehen hatte. Schon seine Ausgangssituation war schwierig: seine Eltern, die sich früh getrennt haben, setzten völlig konträre Hoffnungen auf ihren Sohn. Während die Mutter ihn wie ein Mädchen behandelte und ihn in Mädchenkleider steckte, wollte der Vater ihn zum Offizier machen und schickte ihn auf eine Militärschule. Es brauchte lange, bis er seinen Weg fand und seine wahre Berufung erkannte. Mit großer Offenheit und Ehrlichkeit hat er über sich nachgedacht und Rechenschaft zu geben versucht. Er war um Wahrhaftigkeit bemüht, deshalb konnte er das Leben in seinen unterschiedlichsten Aspekten wahrnehmen, die lichten und erfreulichen Seiten des Daseins ebenso wie die dunklen und verschatteten. Wie konnte er jubeln und sich über die Kostbarkeiten der irdischen

Wirklichkeit freuen, aber wie oft hatte er auch Phasen des Verstummens und einer beklemmenden Sprachlosigkeit zu bestehen. Uns hilft es ja nicht, wenn das Leben naiv verklärt wird, indem man alles ausklammert, was schwer und belastend ist. Und ebensowenig hilft es uns, wenn die Welt nur todtraurig und rabenschwarz betrachtet wird. Das Dasein hat nun einmal ein doppeltes Antlitz, und beiden Seiten müssen wir uns stellen, wenn wir das eigene Leben gewinnen wollen.

Rilkes Weltbetrachtung bestimmt ein Polaritätsdenken. Um der Wirklichkeit gerecht zu werden, muß immer der Gegenpol, die andere Seite, mitbedacht werden. Ohne die Nacht wird man den Tag nicht verstehen, ohne das Schweigen hat auch das Reden keinen Sinn, erst die durchlebte Einsamkeit macht uns die Gemeinschaft bedeutsam. Und selbst das Leben erschließt sich uns erst, wenn wir auch den Tod als die andere Hälfte dazu denken.

»Blühn und verdorrn ist uns zugleich bewußt«, heißt es in der vierten Duineser Elegie. Aber das Wissen um die Unausweichlichkeit des Verdorrens beeinträchtigt nicht unsere Freude am Blühen, betont jedoch die Vergänglichkeit auch des schönen Augenblicks. Der aktuelle ›Moment‹ hat seine Kostbarkeit, auch wenn er nicht festgehalten werden kann.

In den Briefen läßt sich beobachten, wie Rilke um das Gleichgewicht zwischen den Polen ringt, wie er sich selbst korrigiert, wenn die eine oder die andere Waagschale ein zu großes Gewicht anzunehmen droht. Am 17. November 1912 schreibt er aus Toledo:

»Mag sein, daß aus den Fragmenten, die man nach und nach vor sich bringt, einmal, im Überblick, ein Welthaftes wird zu gewahren sein, – aber das hat noch gute Wege bis dahin, ich bin gerade jetzt mehr als je im Einseitigen, die Klage hat vielfach überwogen, aber ich weiß, man darf die Klagesaiten nur dann so ausführlich gebrauchen, wenn man entschlossen ist, auf ihnen, mit ihren Mitteln, später auch den ganzen Jubel zu spielen, der hinter jedem Schweren, Schmerzhaften und Ertragenen anwächst und ohne den die Stimmen nicht vollzählig sind –.«

Weil Rilke sich nicht vorenthält, sondern sich mitteilt, können wir an seinem Ringen und Suchen, an seinem Denken und Wahrnehmen Anteil nehmen. Er hielt sich jedoch nie für einen, der schon am Ziel sei und sich geruhsam auf einen Denkmalsockel setzen könnte. In einem Brief vom 4. Januar 1922 schrieb er über sich: »Der erst anfängt zu gehen, ders noch so weit hat ...« Wir werden – als Leser – eingeladen, uns auch auf den Weg zu machen. In gewisser Weise sieht er die Aufgabe des Dichters darin, »Anlässe zur Veränderung hinzustellen«, damit wir nicht meinen, wir könnten bleiben, wie wir sind. Das rechte Leben gewinnt nur der, der sich immer wieder neu auf den Weg macht, der beginnen kann. »Wir kennen nur die Hälfte«, heißt es bei ihm, die Suche nach der ergänzenden Hälfte (in jeder Hinsicht) führt uns ein paar Schritte in Richtung der Ganzheit des Daseins.

Ein ›bürgerliches Leben‹ im konventionellen Verständnis hat Rilke nicht gelebt, er war ein ruheloser Wanderer, ein ›Fahrender‹, der sich freute, wenn ihm auf begrenzte Zeit eine Bleibe angeboten wurde. Nicht umsonst handelt die fünfte Duineser Elegie von den fahrenden Artisten, »diese ein wenig Flüchtigern noch als wir selbst«. Und wenn wir Leser seines Werkes auch in einer sehr viel bürgerlicheren Existenz zuhause sein mögen als Rilke, etwas von der Unbehaustheit ist auch in uns: das Ausschauen und Suchen, die Wahrnehmung einer letzten Ungesichertheit. Wer unterwegs ist, muß sich um eine größere Aufmerksamkeit mühen, er wird – hoffentlich – dankbarer sein für die Geschenke, die ihm gemacht werden. Rilke schreibt einmal: »Das Leben ist recht eigentlich gemacht, uns zu überraschen.« Wem es nur um die Absicherung seiner Existenz geht, der ist in Gefahr, innerlich abzustumpfen und die plötzlichen Angebote des gegenwärtigen Augenblicks nicht wahrzunehmen. Ist es nicht oft das Ungewohnte und Unvorhergesehene, das uns beschenken will?

Zum rechten Leben gehört es, seiner eigenen Mitte näher zu kommen, ein Gespür zu bekommen für den geheimnisvollen Bereich des »Herzraums«. Wie oft bleiben wir an der eigenen Oberfläche, halten unser Rollenspiel für den Ausdruck unseres Wesens und sind meilenweit vom Kernbereich unseres wahren Wesens entfernt. Rilke muß schon in seiner frühen Zeit, der ›Militär-Schule‹, erkannt haben, daß er dieser Oberflächenwelt eine andere, tiefere Wirklichkeit entgegensetzen müsse. Er spricht von einer »Umkehr«, einem »Weg nach innen und bis in die innerste Mitte«. Und dieser Verpflichtung suchte er sein Leben lang zu entsprechen. Den Maler Cézanne bewunderte er, weil er »ununterbrochen im Innern, in der innersten Mitte seines Werkes geblieben« sei. Und er selbst empfand sich immer dann in der Mitte seines Wesens, wenn er sich durchlässig machte für sein Werk, das er immer als Geschenk empfand, für das er gleichsam Mittler sein durfte. Dann wußte er sich als Gehorchender der »Berufung zu den inneren Verwirklichungen« seines Lebens.

Das dem Dichter gewährte Medium ist die Sprache. Sie dient ihm nicht einfach als Ausdrucksform der Mitteilung und Verständigung. Mit ihrer Hilfe kann er Dasein deuten, das Verschlossene aufschließen und das bis dahin Unsichtbare sichtbar werden lassen. Damit aber gesprochen werden kann, muß zuvor gehorcht werden, muß etwas erlauscht worden sein. Aus Soglio im Bergell schrieb Rilke am 17. August 1919 an Katharina Kippenberg:

»Wie unser Gehör sich ausgegossen hat und ein reiner Becher ist, ein Maß-Becher, der sich anfüllt mit den durchhörigen Geräuschen der Nacht, hinter deren jedem die ganze Stille der Schöpfung zur Wahrheit wird. ›Erbauung‹, wie dieses Wort sich einem wiedergibt, kaum noch Wort, ein Raum voll Bedeutung im Dunkel des Mundes, der es ausspricht und zurückhält. Das ist ja nicht, daß wir *uns* erbauen, denn nach welchem Bilde –? Aber das Ganze erbaut sich, das Sichtbare und Unsichtbare, und nimmt uns hinzu, sichtbar und unsichtbar wie wir sind; eingefügt-sein, das ist unsere Erfüllung, *mit* unserer Einsamkeit eingebracht sein ins Gemeinsame, dastehen in einer der Säulenordnungen Gottes, auf unsäglichen Unterbauten aufruhend nicht mit der Schwere des Herzens, nicht mit dem irdischen Gewicht des Todes, sondern die eigene Last auflösend in Aufstieg und Trage-Lust: denn vielleicht ist das nächste Gebälk schon die Unterlage des Giebelfelds, der vollkommenen Krönung, der Herrlichkeit!«

Dieser Text, ich gebe es zu, ist in Aufbau und Wortwahl nicht ganz einfach zu verstehen. Vielleicht sollten wir ihn zwei- oder dreimal lesen, um sein Gewicht und seine Bedeutung zu erfassen. Er ist so dicht wie ein Glaubensbekenntnis. Daß eine solche Einsicht ausgesprochen werden kann, daß hier einer Worte und Formulierungen findet, die den großen Zusammenhang des Daseins zu erhellen vermögen, löst bei mir ein rechtes Glücksgefühl aus. Plötzlich wird das scheinbar verbrauchte Wort von der »Erbauung« wieder glaubwürdig: wir stehen in einem großen Bau, haben Anteil an der Errichtung eines Bauwerks, das aber nicht von uns allein errichtet wird, sondern auf einem göttlichen Bauplan beruht. Und wir dürfen das Vertrauen haben, auf einem tragenden Grund zu stehen. Wir sind zwar nicht die Bauherren, aber es hängt durchaus auch von uns ab, wie dieser Bau weiter vorangeht, auch wenn wir nicht wissen, welchen Stein wir in das ganze Bauwerk einbringen werden.

Der große Lehrgestus, die aufdringliche Ermahnung und der erhobene Zeigefinger lagen Rilke nicht. Er war der Schauende, der mit wachen Sinnen die Wirklichkeit in sich aufnahm, ihre Hintergründigkeit und ihr Geheimnis wahrzunehmen trachtete und seine Erfahrungen ins Wort zu bringen suchte. Und weil er auch viel Schmerzliches durchzustehen hatte, mußte er diese Widerfahrnisse ebenfalls verarbeiten und poetisch verdichten. Wir haben bei ihm also zwar keine bewußte ›Lehre‹ zu erwarten, aber doch das faszinierende Beispiel eines Lebens, das durch die Vielfalt der Prägungen eine unverwechselbare Gestalt bekommen hat. Und weil wir – vor allem in seinen Briefen – Anteil bekommen an seinem Schicksal, teilhaben dürfen an seinem Weg, gehen von ihm Impulse auf unser Leben aus, die es uns erleichtern, die eigene Existenz besser zu erfassen, und die uns dann doch eine ›Lehre‹ des guten Lebens sein können.

An einem Beispiel möchte ich das verdeutlichen. In den letzten Tagen des ersten Weltkriegs sollte er einen Hochzeitsbrief schreiben, eine junge Gräfin aus seinem Bekanntenkreis stand vor der Hochzeit. Rilke, der die Kriegsjahre schmerzhaft durchlitten hatte und der sich in einem Zustand »innerer Vereisung« befand, dem das »eigene Herz fast unzugänglich« wurde, schrieb ihr nun:

»Ich habe mich alle die Jahre nicht gefragt, wie sehr ich noch an die großen, an die vollkommenen, weithin unerschöpflichen Möglichkeiten des Lebens glaube; Ihr Hochzeitstag sei mir ein Anlaß, mich zu prüfen. Und da bekenne ich denn, liebe Gräfin, daß ich das Leben für ein Ding von der unantastbarsten Köstlichkeit halte, und daß die Verknotung so vieler Verhängnisse und Entsetzlichkeiten, die Preisgebung so zahlloser Schicksale, alles, was uns diese letzten Jahre zu einem immer noch zunehmenden Schrecken unüberwindlich angewachsen ist: mich nicht irre machen kann an der Fülle und Güte und Zugeneigtheit des Daseins. Es hätte keinen Sinn, Ihnen mit Wünschen nahe zu kommen, wenn nicht vor allem Wunsch diese Überzeugung stünde, daß die Güter des Lebens rein und unverdorben und im Tiefsten begehrenswert aus Umsturz und Untergang hervorgehen ... Und wenn ich so, auf der einen Seite, für die wunderbaren Vorräte des Lebens einstehe, so ist es mir andererseits im Innersten Gewiß, daß gerade Sie seine Zuwendungen nach ihrem gründlichsten Werte zu schätzen wissen.«

Rilke spricht hier ein Bekenntnis aus, ein hohes Lied von der Sinnhaftigkeit des Daseins und des menschlichen Lebens. Davon legt er Zeugnis ab, dafür tritt er ein. Auch wenn so vieles verdorben ist in unserer Welt, wenn das Chaotische uns mitzureißen droht und wir schon die Hoffnung auf Erneuerung und Heilung aufgegeben haben, sollten wir das Vertrauen auf die »wunderbaren Vorräte des Lebens« nicht aufgeben, die Schöpfung ist so tief gegründet, daß sie auch durch die Phasen der Verderbnis nicht aus dem Lot gebracht wird.

Bei diesem Vertrauen auf die letztliche Sinnhaftigkeit des Daseins spielt Rilkes Vorstellung vom Walten der Engel eine wichtige Rolle. Die Gestalt des Engels taucht im Werk Rilkes (und in seinen Briefen) immer wieder auf. Er ist der, der dem Menschen sein Leben darreicht, er steigt vor allem dann herab, wenn das menschliche Herz daniederliegt.

Die Engel wollen uns »angeschauter« machen, sie führen uns über die Grenzen des Vorläufigen. Während wir uns immer als bruchstückhaft erleben, als vorläufig und unzulänglich, stehen die Engel vor uns als die Beständigen und Dauernden, die das »Ganze« repräsentieren. Unserer Blindheit steht ihr Schauen gegenüber, unserer Sprunghaftigkeit ihre Verläßlichkeit, unserer Vereinzelung ihre universale

Verbundenheit. Weil wir der Wirksamkeit der Engel vertrauen können, dürfen wir getrost unseren Weg weitergehen.

Dieses Buch ist aus einer persönlichen Begegnung mit dem Werk Rilkes hervorgegangen. Ich möchte Sie, liebe Leserin, lieber Leser, einladen, sich auf die Sehweise und Sprache dieses Dichters einzulassen, um herauszufinden, ob nicht manche Formulierungen zur Erhellung Ihrer eigenen Lebenswirklichkeit beitragen können.

Wieweit reicht große Dichtung in unser Leben hinein? Es geht doch nicht nur um eine ästhetische Dimension, der Dichter wird in seinem Werk mit seiner ganzen persönlichen Ernsthaftigkeit spürbar. Wir erleben ihn in seinem Leiden und in seiner Freude, wir gehen gleichsam mit ihm auf die Suche und dürfen manchmal das beseligende ›Findeglück‹ miterleben.

In einem Brief an Yvonne de Wattenwyl vom 26. September 1919 hat Rilke einmal den Versuch gemacht, wenigstens in Andeutungen die Zielsetzung seiner Dichtung zu skizzieren:

»Weitergeben: das wird schließlich mein vorzüglichstes Amt gewesen sein, – das thu ich auch durch meine Arbeit, in der die Menschen so wenig bleiben dürften wie bei mir, nur umgestellt auf eine weitere Ebene der Empfindung, in einem neuen konzentrischen Kreise ihres Horizontes, ins Freiere, in einen stärkeren Wind, in eine Allgegenwart der Welt, in der das Gefühl entscheidend ist –, nicht der Besitz.«

Rilke will nicht, daß wir bei ihm oder seinem Werk stehenbleiben, wir bekommen einen nachhaltigen Impuls – und werden weitergeschickt auf unseren je eigenen Weg. Rilke wollte »im Schweben bleiben und schwebend sich mitteilen«. Es gibt bei ihm wenig Themen, die so häufig und nachhaltig behandelt werden wie das Abschiednehmen. Unser Leben ereignet sich als permanentes Begegnen und Verabschieden, nichts läßt sich dauerhaft festhalten. Wir sind auf diese unsere Erde verwiesen, hier gilt es, das Unsere zu tun. Was darüber hinausgeht, liegt nicht mehr in unserer Hand, wir dürfen es aber getrost erwarten. In einem Brief an Ilse Erdmann vom 9. Oktober 1915 heißt es:

»Die irdischen Mittel sind anzueignen, eine gewisse Vollzähligkeit unserer Beziehungen zur Erde zu erreichen, unsäglich, unbeschreiblich, atemlos hier zu sein: wäre das nicht der einzige Weg für uns, endlich zu mehr als nur Irdischem gefaßt zu werden?«

Soglio im Bergell, Pfingsten 2001

Du hast Engel um Dich in Deiner Musik, Du hast Engel um Dich in Deiner Freude, Du hast Engel um Dich in der Reinheit des Gemüths –: Du hast viele Engel um Dich: vielleicht thun sie Dir viel zu lieb.

An Magda von Hattingberg, Februar 1914.

I Engel des Geleits

Wir Menschen sind so veranlagt, daß wir zu bestimmten Zeitpunkten unseres Lebens einen Beistand brauchen, der besser als wir um den Weg weiß, der vor uns liegt. Vor bestimmten Entscheidungen sind wir hilflos und können die Folgen nicht absehen, die sich daraus ergeben. Wenn uns aber ein verläßlicher Mentor geschenkt wird, ein wegekundiger Führer, ein erfahrener Geleiter, dann ist es leichter, das unbekannte Terrain zu betreten und die ersten Schritte ins Neuland zu wagen. Uns sollen ja nicht die Entscheidungen abgenommen werden, wir können auch nicht die Verantwortung auf andere abwälzen, aber in Zeiten der Unsicherheit bedürfen wir der hilfreichen Winke und Fingerzeige, damit uns allmählich die eigenen Augen geöffnet werden und uns ein Erfahrungsschatz zuwächst, der uns das ganze Leben lang begleiten wird.

Von dem führenden Geleiter wird ein besonderes Fingerspitzengefühl erwartet, indem er uns zwar die Wege eröffnet, uns aber nicht gängelt und an der Leine führt, er soll uns die Tragweite der Entscheidungen bewußt machen, sie uns aber nicht abnehmen. Der Freiheitsraum soll sich allmählich erweitern, so daß sich der Geleiter immer mehr zurückziehen kann, er wird überflüssig, wenn die Mündigkeit und Reife erreicht ist.

In den frühen Kulturen war es üblich, daß die jungen Menschen in der Vorpubertät aus den Familien herausgelöst wurden und einem erfahrenen Meister übergeben wurden. Er sollte in den Ritualen der ›Initiation‹ die jungen Leute auf ihr künftiges Leben als Erwachsene vorbereiten. Sie mußten Hunger und Durst erleiden, mußten lernen, Schmerzen zu ertragen, Einsamkeit und Not, damit sie den Anforderungen des Daseins gewachsen seien. Der Meister war aber auch der Garant einer größeren Ordnung, er konnte in die mythischen Traditionen des Stammes einführen und den Sinn menschlicher Existenz erhellen. Eine Bindung auf Dauer war nicht gewollt: am Ende der Initiationsriten, nach einem symbolischen ›Tod‹ war der Weg frei in die Freiheit selbstverantworteten Lebens.

Auch in den Märchen wird häufig davon erzählt, daß dem unerfahrenen jungen Menschen auf seinem Weg in die Welt eine geheimnisvolle Gestalt begegnet, die ihn auf Gefahren aufmerksam macht, ihm aber auch Chancen eröffnet, große Ziele nennt und zauberkräftige Hilfsmittel anbietet, die in Zeiten äußerster Gefahr eine rettende Kraft haben. Die Märchenkundler sprechen vom ›magischen Helfer‹, der an den Wendepunkten des Lebens auftauchen kann und seine entscheidenden Winke und Ratschläge gibt. Diese Helfergestalt kann ein alter

Mann oder eine alte Frau sein, manchmal aber auch ein Tier, ein Vogel oder ein Fuchs, sie kann sich auch als Traumstimme kundgeben oder als Engel. Auf jeden Fall soll der Mensch bei seinem schwierigen Vorhaben wissen, daß er nicht allein ist, sondern geleitet wird. Die eigentliche Arbeit muß er aber alleine tun, der entscheidende Schritt muß von ihm selbst gewagt werden.

In dem kleinen alttestamentlichen Buch ›Tobit‹ wird die Geschichte vom jungen Tobias erzählt, der eine große Reise machen muß, aber noch zu jung ist, selbst den Weg zu finden und die drohenden Gefahren zu bestehen. Er trifft auf einen Mann, den er gewinnen kann, ihn zu begleiten. Und dieser Begleiter wird ihm zum ›Initiationsmeister‹, lehrt ihn, der Gefahr nicht auszuweichen, sondern sie mutig zu bestehen, gibt ihm auch die nötigen Fingerzeige, die Frau zu gewinnen, die ihm bestimmt ist. – Und erst nach der Heimkehr und den bestandenen Abenteuern gibt sich der Begleiter zu erkennen: es ist Raphael, einer der sieben großen Engel vor Gottes Thron.

Diese Geschichte hat Rilke gekannt, er hat sie wohl auch geliebt. In gewisser Weise trauert er den Zeiten nach, in denen sich ein Engel so menschlich-zutraulich den Menschen gezeigt hat, mit ihnen umging, ohne etwas von seinem Schrecken und seiner furchtbaren Strahlkraft zu zeigen. In der zweiten Duineser Elegie heißt es:

Wohin sind die Tage Tobiae,
da der Strahlendsten einer stand an der einfachen Haustür,
zur Reise ein wenig verkleidet und schon nicht mehr furchtbar;
(Jüngling dem Jüngling, wie er neugierig hinaussah).

So vertraut und nah hat Rilke den Engel nicht erfahren, er wurde von ihm eher als übermächtig und schrecklich erlebt, weil uns die Organe fehlen, seine machtvolle Strahlung aufzunehmen und zu ertragen. Aber der durch Menschen ›vermittelte‹ Engel, den durfte Rilke oft wahrnehmen. – Im Frühjahr 1906 befand sich Rilke in Meudon bei dem großen Bildhauer Rodin. Es war für ihn eine wichtige ›Lehrzeit‹: er hatte den Eindruck, daß ihm erst jetzt die Augen für die Dinge geöffnet würden, für ihr Geheimnis, für das Hintergründige der Wirklichkeit. Es mag sein, daß Rodin für ihn zum ›magischen Helfer‹ wurde, der es ihm ermöglichte, über die Schwelle zu treten und einen neuen Raum des Daseins zu gewinnen. Aber hinter Rodin wird doch eine größere Instanz geahnt, eine engelhafte Macht, der man sich anvertrauen kann:

Der Anfänger

Du Freundlicher, der mich zu allem führte,
o geh mit mir bis an die schwere Schwelle.
Du Mächtiger, der mein Gesicht berührte
so daß es denkend dunkel wurde, stelle
mich an der Arbeit ängstlichen Beginn.
Bleib vor der Türe stehn in die ich trete,
damit du hören kannst sobald ich bete
und rufen kannst wenn ich nicht weiß wohin.
Ich brauche dich. Ich greife nach dem Horne
das du mir einstens gabst damit ich bliese
wenn ich in Not bin, wenn ein fremder Riese
mich halten will in seinem fremden Zorne
in einem Zorne, der nicht deinem gleicht.
Und nun versucht, zum ersten Mal vielleicht,
mein Horn den hellen Hilferuf, den Schrei.
Nun bet ich dich zum ersten Mal herbei,
nun will ich dich, nun hungert mich nach dir,
nun bin ich bange wie ein dürstend Tier
und wie ein Sterbender ganz ohne Zeit
voll Ungeduld und Leid und Einsamkeit.

Und meine Hände heben sich heraus
und wehn auf meines Herzens dunklem Haus
wie Fahnen, wartend. Komm und sei der Wind,
der Wind im Willen der du oft gewesen, –
daß alle ihre Linien zu lesen
und ihre Bilder offen sind.

Ein freundlich Zugewandter wird angesprochen, der bereit ist, den Unsicheren, Suchenden, den Anfänger wenigstens ein Stückweit des Weges zu geleiten. Er fühlt sich von ihm berührt, zum geistigen Leben gebracht, von ihm wurde er aber nur bis zur Schwelle geleitet, an die Arbeit verwiesen. Nun muß er selbst die nächsten Schritte tun, die Arbeit wird ihm nicht abgenommen. Immerhin reißt die Verbindung nicht völlig ab, das Horn bleibt ihm, mit dem er sich bemerkbar machen kann, wenn die Not zu groß geworden ist, der Schrecken nicht mehr ertragen werden kann. – Aber es soll kein Rückzug eingeläutet werden, es gilt, auch die Einsamkeit und Todesnähe auszuhalten. Der freundliche Helfer im Verborgenen soll sich als der vorantreibende Wind erweisen. Und wenn diese ›vorwärts-blasende‹ Kraft nicht nachläßt, dann wird er auch fähig sein, die gestellte Aufgabe zu lösen, die ›Arbeit‹ zu vollbringen. Die geheimnisvolle Lineatur des Daseins wird sich dann enträtseln lassen, die verdeckende Bildersprache kann verstanden werden. Der inspirierende Atemwind bewirkt, daß sich eine neue Offenheit ergibt, die Schicksalslinien können entziffert werden.

Der autobiographische Hintergrund dieses Gedichtes soll nicht überbetont werden. Immerhin gibt es zu denken, daß sich Rilke gern selbst als den ›Anfänger‹ bezeichnet hat. Er war nie fertig, abgerundet, zu seiner ›endgültigen Form‹ gekommen, sondern mußte immer und immer wieder einen Anfang suchen und Wandlungen durchlaufen.

»Ein schwerer, schwerer Anfang«, schreibt er am 1. März 1919 an Eva Marie Freifrau Heyl zu Herrnsheim. »Nichts Neues für mich: ich habe mich, seit ich denken kann, als Anfänger gefühlt.« Auch das gehörte zu seiner ›Arbeit‹, sich den immer neuen Herausforderungen zu stellen, auch wenn von ihm schmerzhafte Metamorphosen erwartet wurden. »Wer weiß, wer ich bin? ich wandle und wandle mich«, heißt es in einem anderen Brief aus diesen Jahren. Und weil er immer aufs Neue vor Schwellen stand und Phasen der Verunsicherung durchzumachen hatte, deshalb brauchte er auch immer wieder Helfer. An Gertrud Ouckama Knoop schickte er am 26. November 1921 den Stoßseufzer: »Ach, verehrte Freundin, die Un-unmengen Hilfe, die ich schon im Leben verbraucht habe! Ist solcher Aufwand erlaubt?«

Aber es konnte auch die Situation eintreten, daß ihn menschliche Hilfe nicht mehr erreichte. Gerade dann, wenn sich eine Begegnung nicht als tragfähig erwies oder eine Enttäuschung im Verhältnis zu einem anderen Menschen eingetreten war und verarbeitet werden mußte, hatte Rilke den Eindruck, jetzt müßten die Engel kommen und ihm beistehen. Am 11. Juli 1912 notierte sich Rilke in Venedig folgende Verse:

Ach, da wir Hülfe von Menschen erharrten: stiegen
Engel lautlos mit einem Schritte hinüber
über das liegende Herz.

Müssen wir vielleicht von Menschen enttäuscht werden (weil wir zu viel von ihnen erwarten und nicht bereit sind, unsere Einsamkeit auszuhalten), damit wir offener werden für andere Kräfte und Einflüsse? Es finden sich in Rilkes Werk immer wieder solche Hinweise, die deutlich machen, daß im Bild des Engels diese größere Mächtigkeit angesprochen wird, die jede menschliche Verbundenheit überragt.

II Kampf mit dem Engel

Rilke war ein guter Kenner der Bibel, sie gehörte zu den Büchern, nach denen er immer wieder griff. Vor allem die Psalmen waren ihm lieb, aber auch mit dem Buch Genesis muß er sehr vertraut gewesen sein, denn bestimmte Szenen werden in seinen Gedichte immer wieder indirekt zitiert oder es wird doch ihre Kenntnis vorausgesetzt, um den Zusammenhang zu verstehen. Im 32. Kapitel der Genesis wird erzählt, wie Jakob nach jahrelanger Abwesenheit – mittlerweile reich geworden – wieder in die heimatlichen Weidegründe zurückkehrt. Er möchte sich mit seinem Bruder Esau versöhnen, den er um den Erstgeburtssegen durch den Vater Isaak betrogen hat. Er schickt schon seine ganze Familie und seine Herde über den Jabbokfluß, er selbst bleibt aber allein zurück. »Als nur noch er allein zurückgeblieben war, rang mit ihm ein Mann, bis die Morgenröte aufstieg. Als der Mann sah, daß er ihm nicht beikommen konnte, schlug er ihn aufs Hüftgelenk. Jakobs Hüftgelenk renkte sich aus, als er mit ihm rang. Der Mann sagte: Laß mich los; denn die Morgenröte ist aufgestiegen. Jakob aber entgegnete: Ich lasse dich nicht los, wenn du mich nicht segnest. (…) Dann segnete er ihn dort. Jakob gab dem Ort den Namen Penuel (Gottesgesicht) und sagte: Ich habe Gott von Angesicht zu Angesicht gesehen und bin doch mit dem Leben davongekommen« (Gen 32,25–31).

Die exegetische Tradition (und die ikonographische dazu) verstehen diese Szene als einen Kampf Jakobs mit dem von Gott geschickten Engel, um ihn zu prüfen, ihm eine letzte Reife zu geben. Er geht verändert aus diesem Kampf hervor, bekommt einen neuen Namen (Israel) und ist jetzt in der Lage, sich mit dem Bruder zu versöhnen. Jakob muß sich diesem Kampf stellen, er darf nicht ausweichen, muß standhalten, bis er mit dem Segen und dem neuen Namen einen Neuanfang wagen kann.

Nun will Rilke natürlich nicht eine biblische Geschichte zu einem Gedicht verarbeiten, aber bestimmte Elemente sind ihm wichtig, weil sie ihm als urmenschliche Begebenheiten erscheinen, die einen geradezu archetypischen Charakter haben. – Am 21. Januar 1901 schrieb Rilke in Berlin-Schmargendorf ein Gedicht, dem er den Titel »Sturm« gab, später wurde es unter dem Titel »Der Schauende« veröffentlicht. Es ist ein eindrucksvolles Beispiel für die Einbeziehung einer biblischen Szene in seine Dichtung.

Der Schauende

Ich sehe den Bäumen die Stürme an,
die aus laugewordenen Tagen

an meine ängstlichen Fenster schlagen,
und höre die Fernen Dinge sagen,
die ich nicht ohne Freund ertragen,
nicht ohne Schwester lieben kann.

Da geht der Sturm, ein Umgestalter,
geht durch den Wald und durch die Zeit,
und alles ist wie ohne Alter:
die Landschaft, wie ein Vers im Psalter,
ist Ernst und Wucht und Ewigkeit.

Wie ist das klein, womit wir ringen,
was mit uns ringt, wie ist das groß;
ließen wir, ähnlicher den Dingen,
uns s o *vom großen Sturm bezwingen, –*
wir würden weit und namenlos.

Was wir besiegen, ist das Kleine,
und der Erfolg selbst macht uns klein.
Das Ewige und Ungemeine
w i l l *nicht von uns gebogen sein.*
Das ist der Engel, der den Ringern
des Alten Testaments erschien:
wenn seiner Widersacher Sehnen
im Kampfe sich metallen dehnen,
fühlt er sie unter seinen Fingern
wie Saiten tiefer Melodien.

Wen dieser Engel überwand,
welcher so oft auf Kampf verzichtet,

d e r geht gerecht und aufgerichtet
und groß aus jener harten Hand,
die sich, wie formend, an ihn schmiegte.
Die Siege laden ihn nicht ein.
Sein Wachstum ist: der Tiefbesiegte
von immer Größerem zu sein.

Der Mensch sieht sich in einen Sturm hineingestellt, und dabei erfährt er seine eigene Kleinheit und Schwäche, seine Abhängigkeit. Aber der Kampf, dem er sich stellen muß, formt ihn und gibt ihm eine ganz neue Prägung. Allerdings kommt es bei diesem Kampf nicht darauf an, den Sieg zu erringen, der Kampfpartner ist auch viel zu mächtig. Aber die ›Niederlage‹ hat eine erstaunliche Wirkung: gerade dadurch wird ein Wachstum erreicht, er kommt dadurch erst wirklich zu sich selbst.

Hier kündigt sich ein Verständnis vom Engel an, das sich in Rilkes Werk immer deutlicher artikuliert. Der Engel ist der Repräsentant eines geheimnisvollen ›Drüben‹, einer höheren und mächtigeren Instanz. Er ist der Rufende, um den Menschen aus seiner Vorläufigkeit herauszuholen. Und weil der Mensch zur Beharrung und zur Bequemlichkeit neigt, wird er vom Engel zum Kampf herausgefordert, wird er in seinem bisherigen Selbstverständnis verunsichert, aber es wird ihm auch ein weiterer Horizont angeboten. Schmerzhaft ist dieser Kampf, aber nur so wird der Mensch ›geboren‹, wie er sein und werden soll.

Im Frühjahr 1906 hat Rilke in Paris ein Gedicht mit dem Titel »Der Engel« geschrieben, das diesem Gedanken noch deutlicher Ausdruck gibt.

Mit einem Neigen seiner Stirne weist
er weit von sich was einschränkt und verpflichtet;
denn durch sein Herz geht riesig aufgerichtet
das ewig Kommende das kreist.

Die tiefen Himmel stehn ihm voll Gestalten,
und jede kann ihm rufen: komm, erkenn –,
Gieb seinen leichten Händen nichts zu halten
aus deinem Lastenden. Sie kämen denn

bei Nacht zu dir, dich ringender zu prüfen,
und gingen wie Erzürnte durch das Haus
und griffen dich als ob sie dich erschüfen
und brächen dich aus deiner Form heraus.

Dieser Engel ist nicht mit menschlichen Maßen zu messen, er gehört nicht der vergänglichen Welt, sondern einer kommenden an. Er hat auch nicht unsere Schwerfälligkeit. Wer sich aber von ihm rufen läßt, sich mit ihm einläßt, der muß damit rechnen ›aus der Haut‹ fahren zu müssen, er kann nicht der alte bleiben. Daß Rilke hier nicht distanziert spricht, sondern die eigene Realität meint, wird an einem Brief Rilkes an Lou vom 26. Juni 1914 deutlich, in dem er von der Notwendigkeit seiner eigenen Wandlung schreibt – und über die Schwierigkeiten, damit

Ernst zu machen. Die Einsicht allein genügt nicht, aber der Prozeß des Umsetzens ist hart:

»Es geht alles verloren an einer krampfhaft inständigen Hinhaltung meines Gesichts und Körpers, die ihn erschöpft und gleichsam überlädt, während die Seele abgewendet, andersbeschäftigt, in-sich-gezogen, mir meine Spannungen nicht abnimmt. Ich halte mich hin, aber sie hält sich nicht hin, so ists im Schauen wie im Lieben, und darum verzerrt sich mein Körper an dieser dürren Inständigkeit, in die sich der Saft nicht verbreitet, der Zweig um Zweig der Gebärde grün und biegsam machte. Dies muß es sein, je mehr ichs nachprüfe, daß ich eine Haltung habe (die, zu der ich mich in gewissen Arbeitsmomenten erzog) und meine Seele hat eine andere Haltung, die nächste, übernächste, und so dien ich ihr nicht mehr und es dient ihr niemand. Sie ist die Glockenspeise, und Gott setzt sie immer wieder in Weißgluth und bereitet die gewaltige Stunde des Gusses: aber ich bin noch die alte Form, die Form der vorigen Glocke, die eigensinnige Form, die das Ihre gethan hat und sich nicht mag ersetzen lassen – und so bleibts ungegossen.«

Daß der Engelkampf nicht einmal bestanden werden muß und dann abgetan ist, wußte Rilke sehr genau. Deshalb muß der Engel immer wieder angerufen und – wenn er kommt – ausgehalten werden. Zur Jahreswende 1913/14 schrieb Rilke in Paris einen Gedichtentwurf, in dem diese Aufgabe beschrieben wird:

Warte meine Wahl nicht ab, verlange,
du vermagst es, da du nicht bedarfst.
Wie du dich, aufrauschend, meinem Gange,
Undurchdringlicher, entgegenwarfst.
Meine Not war immer noch geneigt
deiner Brandung auszuweichen.
Doch wer bürge sich, in welchen Deichen,
wenn das Weltmeer an die Himmel steigt.

Wenn das Leben ein permanenter Reifungsprozeß ist, der durchgestanden werden muß, dann braucht der Mensch (und der Künstler in besonderem Maße) ein herausforderndes Gegenüber, ein Wesen, das uns voraus ist, uns nach vorn lockt und sich nicht damit abfindet, wenn wir verharren. Kaum ist der Kampf mit dem Engel vorüber, so tritt uns der Engel schon wieder entgegen, weil der Weg ja weitergeht und nur eine Etappe zurückgelegt wurde. In einem Brief an die Fürstin Marie von Thurn und Taxis vom 2. Juni 1911 spricht Rilke von dem Engel, »der, wenn man ihn eben überwunden hat, schon wieder an der nächsten Wendung einem entgegensteht. Ich habe mich gleich sehr entschlossen damit eingelassen, und ohne bei weitem es zu übersehen, empfing ich es doch wie ein Lebendiges, dessen Atem, Wärme und Gang mich gestreift hat.«

Vor allem dann, wenn Rilke in einer Krise steckte und wußte, daß von ihm ein Schritt voran verlangt wurde, konnte er es nur so ausdrücken, daß er sich dem Engel stellen müsse. »Es reizt vielleicht doch den Engel herauf«, heißt es in einem Brief an die Fürstin. Und an Lou Andreas-Salome schrieb er am 21. November 1913:

»Liebe Lou, irgendwie hast Du mir ja unendlich geholfen, das andere ist nun für mich und für den Engel da, wenn wir nur zusammenhalten: er und ich, und Du von Ferne.«

»Und diese menschlichere Liebe (die unendlich rücksichtsvoll und leise, und gut und klar in Binden und Lösen sich vollziehen wird) wird jener ähneln, die wir ringend und mühsam vorbereiten, der Liebe, die darin besteht, daß zwei Einsamkeiten einander grenzen und grüßen.«

Brief an Franz Xaver Kappus vom 14. Mai 1904.

III Not und Notwendigkeit der Einsamkeit

Man kann in Rilkes Leben immer wieder zwei Pole wahrnehmen: er brauchte Menschen, hatte Verlangen, ihnen zu begegnen und sich mit ihnen auszutauschen, aber ebenso verlangte es ihn nach Einsamkeit und Eremitendasein. War er mit vielen Menschen zusammen, dann sehnte er sich nach ungestörter Einsamkeit. Hatte er aber endlich einen Ort gefunden, wo er nur noch mit sich selbst konfrontiert war, dann fühlte er sich vereinsamt und verlangte nach einem Gesprächspartner. Rilke war ein geselliger Mensch, ein glänzender Plauderer, mit einem ausgeprägten Situationswitz ausgestattet, in heiterer oder besinnlicher Runde las er gerne vor. Aber im Nachhinein machte er sich dann Vorwürfe, weil er nicht bei seiner Arbeit geblieben war.

Wenn er von jungen Menschen um Rat gefragt wurde, wie sie ihr unbefriedigendes Leben besser bewältigen könnten, wies er sie immer wieder auf die Notwendigkeit hin, Phasen der Einsamkeit auszuhalten. Vor allem in den Briefen an Franz Xaver Kappus ist das ein Leitmotiv. »Lieben Sie Ihre Einsamkeit«, heißt es da, »Ihre Einsamkeit wird Ihnen auch inmitten sehr fremder Verhältnisse Halt und Heimat sein, und aus ihr heraus werden Sie alle Ihre Wege finden.« Sie soll nicht nur ausgehalten und passiv erlitten werden, sondern als große Chance begrüßt und dankbar durchlebt werden. – Aus Rom schreibt Rilke am 23. Dezember 1903 an den jungen Dichter (Rilke selbst war damals auch erst 28 Jahre alt):

»Es gibt nur *eine* Einsamkeit, und die ist groß und ist nicht leicht zu ertragen, und es kommen fast allen die Stunden, da sie sie gerne vertauschen möchten gegen irgendeine noch so banale und billige Gemeinsamkeit, gegen den Schein einer geringen Übereinstimmung mit dem Nächstbesten, mit dem Unwürdigsten ... Aber vielleicht sind das gerade die Stunden, wo die Einsamkeit wächst; denn ihr Wachsen ist schmerzhaft wie das Wachsen der Knaben und traurig wie der Anfang der Frühlinge. Aber das darf Sie nicht irremachen. Was not tut, ist doch nur dieses: Einsamkeit, große innere Einsamkeit. In-sich-Gehen und stundenlang niemandem begegnen, – das muß man erreichen können.«

Leicht wird die Zeit verplempert und werden die Kräfte verzettelt, weil man Abwechslung und ›Zeitvertreib‹ sucht, anstatt Möglichkeiten der Stille zu nutzen. Aber das Ja zur Einsamkeit hat noch einen anderen Grund: sie ist unsere wahre Berufung, unser Schicksal. Wer zu seiner Wahrheit kommen will, muß sich zu seiner Einsamkeit bekennen. So heißt es in einem Brief an Kappus vom 12. August 1904:

»Und wenn wir wieder von der Einsamkeit reden, so wird immer klarer, daß das im Grunde nichts ist, was man wählen oder lassen kann. Wir *sind* einsam. Man kann sich darüber täuschen und tun, als wäre es nicht so. Das ist alles. Wieviel besser ist es aber, einzusehen, daß wir es sind, ja geradezu, davon auszugehen.«

Nun war Rilke damals ein jungverheirateter Ehemann und Familienvater. Es muß ihm sehr bald klargeworden sein, daß er nicht zu einer konventionellen bürgerlichen Existenz berufen war. Der Lebenskonflikt Rilkes kam früh zum Vorschein: hat die private Existenz mit ihren Ansprüchen und Notwendigkeiten die oberste Priorität oder die poetische Aufgabe, das zu leistende Werk? Dieser Konflikt konnte nicht ein für allemal ausgetragen und beendet werden, er zieht sich durch die ganze Lebenszeit Rilkes. Und wie oft mußte er sich eingestehen: »Kann man so viel einsehn und sich doch nicht helfen?!« Seiner Frau Clara, die eine begabte Bildhauerin war, schrieb er am 8. April 1903:

»Jeder muß in seiner Arbeit den Mittelpunkt seines Lebens finden und von dort aus strahlenförmig wachsen können, soweit es geht. Und dabei darf ihm kein Zweiter zusehen und gerade der Nächste und Liebste nicht: denn nicht einmal er selber darf es. Es liegt eine Art Reinheit und Jungfräulichkeit darin, in diesem von sich selbst Fortschauen. (...) Meine Einsamkeit muß erst wieder fest und sicher sein wie ein nie betretener Wald, der sich nicht vor Schritten fürchtet. (...) Es gibt nichts Ärgeres für mich, als mich der Einsamkeit zu entwöhnen: und ich war es fast. Darum hab ich jetzt weite Wege zu gehen, Tag und Nacht, zurück durch alles Vergangene und Verwirrte.«

Und weil sein junger Schwager Friedrich Westhoff sich offensichtlich wunderte, daß seine Schwester nicht mit ihrem Mann zusammenlebte, schrieb er ihm am 29. April 1904:

»Clara und ich, lieber Friedrich, wir haben uns gerade darin gefunden und verstanden, daß alle Gemeinsamkeit nur im Erstarken zweier benachbarter Einsamkeiten bestehen kann, daß aber alles, was man Hingabe zu nennen pflegt, seinem Wesen nach der Gemeinsamkeit schädlich ist: denn wenn ein Mensch sich verläßt, so ist er nichts mehr, und wenn zwei Menschen beide sich selbst aufgeben, um zueinander zu treten, so ist kein Boden mehr unter ihnen und ihr Beisammensein ist ein fortwährendes Fallen.«

Bei diesen Ausführungen mag die Neigung zur Selbstrechtfertigung mitspielen, und wirklich, später hat er mit erstaunlicher Offenheit seine eigene Lebenskrise beschrieben. Jetzt aber ringt er um eine neue Empfänglichkeit, damit sich das ›Werk‹, das heraufkommen will, durchsetzen kann. In einem Brief an Arthur Holitscher formuliert er es so:

»Unser Herz ist tief, aber wenn wir nicht hineingedrückt werden, gehen wir nie bis auf den Grund.

Und doch, man muß auf dem Grund gewesen sein. Darum handelt sichs.«

Hier und an vielen anderen Stellen seines Werks wird spürbar, daß sich Rilke in seinem Vokabular von der Sprache der Mystik beeinflussen läßt, um existentielle Probleme zu benennen. »Kehre dich in den Grund und bleibe dort und nimm der väterlichen Stimme wahr, die in dir ruft«, heißt es bei Johannes Tauler. »Viele finden nicht zu sich selbst; was in ihnen ist, bleibt ihnen verschlossen, als wäre es ein fremdes Ding, das da tausend Meilen von ihnen entfernt liegt.« Dieses ›Zum-Grunde-gehen‹ ist auch ein wiederkehrendes Motiv bei Rilke, ähnliches gilt von der Einübung ins Abschied-nehmen, das der ›Abgeschiedenheit‹ Meister Eckharts nahe kommt. Die Frage beschäftigt Rilke, wer er denn selbst eigentlich sei und wohin es ihn treibe. Als er von seinem Aufenthalt in Schweden und Dänemark zurückkehrt, schreibt er in der Osterzeit des Jahres 1906 an Karl von der Heydt, daß er in Skandinavien zwar offenste Gastfreundschaft erfahren hat, daß man ihm aber das nicht geben konnte, was er am dringendsten brauchte: »... dieses unbegrenzte Alleinsein, dieses Jeden-Tag-wie-ein-Leben-Nehmen, dieses Mit-allem-Sein, kurz den Raum, den man nicht absieht und in dem man mitten drinnen steht, von Unzähligem umkreist. (...) Es müßte, muß eine Zeit für mich kommen, mit meinem Erleben allein zu sein, ihm zu gehören, es umzubilden: denn schon drückt mich all das Unverwandelte und verwirrt mich.«

Was ist es aber, was er in der Einsamkeit und in der Stille erhofft? Die Einsamkeit ist ja kein Wert in sich, sie wird erst fruchtbar, wenn dadurch ein innerer Lernprozeß vor sich geht, wenn sich weitere Dimensionen einer Person öffnen und erschließen. Aus Capri schreibt Rilke an Clara am 17. Dezember 1906:

»Mir geht es so: ich bin geradezu leidenschaftlich, keine von diesen Stimmen zu versäumen, die da kommen sollen. Ich will sie hören, ich will mein Herz herausnehmen und es mitten in die absprechenden und tadelnden Worte hineinhalten, so daß es nicht nur auf einer Seite und von fern berührt werde. Aber ich will zugleich meinen gewagten, so oft unverantwortlichen Posten nicht eher aufgeben und mit einem erklärbareren, resignierenderen Platz vertauschen, bevor nicht die letzte, die äußerste, endgültige Stimme zu mir gesprochen hat; denn nur an dieser Stelle bin ich ihnen allen zugänglich und offen, nur an dieser Stelle findet mich alles, was mir an Schicksal, Zuruf oder Macht begegnen will, nur von hier aus kann ich eines Tages gehorchen, so unbedingt gehorchen, wie ich jetzt unbedingt widerstrebe.«

Rilke brauchte den Wechsel der Lebensformen und der Arbeitsweisen. Nach einer Phase des Zurückgeworfenseins auf sich selbst hatte er Zeiten des Zusammenseins nötig. Er wollte sich zwar um eine »innere Akustik« bemühen, wollte ungestört sein von aufdringlichen Außenreizen. Aber dieser innere Klangraum stellte sich nicht unbedingt so ein, wie er ihn sich wünschte. Es konnte sich auch eine beängstigende Leere einstellen.

Das Ideal seiner entfalteten inneren Welt hat er einmal in einem Brief an Karl von der Heydt entworfen (am 11. Dezember 1906), die Einsamkeit wird dabei zu einer wunderbaren Eremitage:

»Ich muß sehen, nach und nach zu einem Kloster auszuwachsen und so dazustehen in der Welt, mit Mauern um mich, aber mit Gott und den Heiligen in mir, mit sehr schönen Bildern und Geräthen in mir, mit Höfen, um die ein Tanz von Säulen geht, mit Fruchtgärten, Weinbergen und Brunnen, deren Grund gar nicht zu finden ist.«

»Die meisten Menschen wissen gar nicht, wie schön die Welt ist und wieviel Pracht in den kleinsten Dingen, in irgendeiner Blume, einem Stein, einer Baumrinde oder einem Birkenblatt sich offenbart. Die erwachsenen Menschen, die Geschäfte und Sorgen haben und sich mit lauter Kleinigkeiten quälen, verlieren allmählich ganz den Blick für diese Reichtümer, welche die Kinder, wenn sie aufmerksam und gut sind, bald bemerken und mit dem ganzen Herzen lieben. Und doch wäre es das Schönste, wenn alle Menschen in dieser Beziehung immer wie aufmerksame und gute Kinder bleiben wollten.«

Brief an seinen zehnjährigen Schwager Helmuth Westhoff vom 12. November 1901.

IV Von der Öffnung der Sinne

Zu den größten Gefahren unseres Lebens gehört es, in einem dumpfen und ungeweckten Zustand zu leben, mit Augen, die nicht wirklich sehen, mit Ohren, die nicht hinhorchen können. Vielleicht brauchen wir jemanden, der uns die Sinne öffnet und uns zeigt, wie reich und hintergründig alles Seiende ist. Es muß uns irgendwann ›wie Schuppen von den Augen fallen‹, so daß wir plötzlich die uns umgebende Wirklichkeit so wahrnehmen, als hätten wir sie noch nie ernsthaft betrachtet.

Im ›Malte‹ hat Rilke diesen Vorgang der ›Augenöffnung‹ eindrucksvoll geschildert:

»Ist es möglich, daß man trotz Erfindungen und Fortschritten, trotz Kultur, Religion und Weltweisheit an der Oberfläche des Lebens geblieben ist? Ist es möglich, daß man sogar diese Oberfläche, die doch immerhin etwas gewesen wäre, mit einem unglaublich langweiligen Stoff überzogen hat, so daß sie aussieht, wie die Salonmöbel in den Sommerferien? – Ja, es ist möglich.«

Wer ›gehaltene‹ (Lukas 24,13-35) Augen hat, wem die Sinne niemals aufgetan wurden, der mag an den größten Wundern der Erde achtlos vorbeirennen, ohne zu bemerken, daß es hier Unvergleichliches zu entdecken gibt.

Das Sehenlernen, die Schulung unserer Sinne, die Differenzierungsgabe unserer Wahrnehmungsorgane, das ereignet sich nicht ein für allemal, es muß immer wieder neu vor sich gehen, wir kommen unser ganzes Leben damit nicht ans Ende. Schon zu Beginn seines Romans läßt Rilke seinen Malte Laurids Brigge die Beobachtung machen:

»Ich lerne sehen. Ich weiß nicht, woran es liegt, es geht alles tiefer in mich ein und bleibt nicht an der Stelle stehen, wo es sonst immer zu Ende war. Ich habe ein Inneres, von dem ich nicht wußte. Alles geht jetzt dorthin. Ich weiß nicht, was dort geschieht.«

Diese Sensibilisierung hat allerdings Folgen: nicht nur das Schöne und Anmutige wird besser wahrgenommen, sondern auch das Dunkle und Abgründige, das Widerständige und Belastende. Es ist unsere Aufgabe, die spannungsreiche Wirklichkeit in uns aufzunehmen, mit all ihren Seiten. Der dunkle Aspekt darf nicht gegen den hellen ausgespielt werden, beide gehören zusammen.

In vielen seiner Briefe wird Rilke zum behutsamen Lehrer seiner Briefpartner, der dazu beizutragen will, die Sinne zu öffnen. Er möchte dabei vor allem das Augenmerk auf unscheinbare Vorgänge lenken. Am 16. Juli 1903 schreibt er an Franz Xaver Kappus:

»Wenn Sie sich an die Natur halten, an das Einfache in ihr, an das Kleine, das kaum einer sieht, und das so unversehens zum Großen und Unvermeidlichen werden kann; wenn sie diese Liebe zu dem Geringen und ganz schlicht als ein Dienender das Vertrauen dessen zu gewinnen suchen, was arm scheint: dann wird Ihnen alles leichter, einheitlicher und irgendwie versöhnender werden, nicht in Ihrem Verstande vielleicht, der staunend zurückbleibt, aber in Ihrem innersten Bewußtsein, Wachsein und Wissen.«

Solche Aufforderungen und Hinweise sind immer auch an die eigene Adresse gerichtet, er selbst bemühte sich um die tiefere Wahrnehmung des Sichtbaren und wußte, daß er da immer ein Anfänger blieb. In einem Brief an die Fürstin von Thurn und Taxis vom 6. September 1915 heißt es:

»Es ist ja sicher, daß der göttliche Trost im Menschlichen selbst enthalten ist, mit dem Troste eines Gottes wüßten wir wenig anzufangen; sondern es müßte nur unser Auge eine Spur schauender, unser Ohr empfangender sein, der Geschmack einer Frucht müßte uns vollständiger eingehen, wir müßten mehr Geruch aushalten, und im Berühren und Angerührtsein geistesgegenwärtiger und weniger vergeßlich sein: um sofort aus unseren nächsten Erfahrungen Tröstungen aufzunehmen, die überzeugender wären, die überzeugender, überwiegender, wahrer wären, als alles Leid, das uns je erschüttern kann.«

Die Kunst der offenen Sinne hängt mit einer weiteren Fähigkeit zusammen: Man muß staunen können. Wer sich nicht mehr überraschen läßt, wer alles hinnimmt, als würde es sich von selbst verstehen, der wird auch nicht mehr tiefer getroffen. Er behält zwar seinen Gleichmut, aber es gibt keine Gefühlsschwankungen mehr und das Besondere und Einmalige wird kaum noch vom Alltäglichen und Herkömmlichen unterschieden.

In Rilkes Briefen dagegen wird immer wieder spürbar, wie ihn die Begegnung mit einer Landschaft, mit dem Flair einer Stadt, mit einem Kunstwerk bewegt und zutiefst beschäftigt. Er muß sich dann sofort mitteilen, weil er das Widerfahrnis gar nicht für sich behalten kann. Aus Venedig schreibt er am 24. Juni 1920 an Anita Forrer:

»Ich staune alles wieder an, so gut ich es auch weiß, hier schöpft man's mit Staunen nicht aus, das unbegreifliche Vorhandene –, und wohl mir, daß ich endlich wieder staunen kann; es ist doch meine ehrlichste Bethätigung, recht eigentlich das Maaß meiner Natur.«

Als er endlich wieder – nach der langen Zäsur der Kriegsjahre – in Paris sein kann, jubelt er voller Glück, weil er spürt, daß sich die Wunde schließt, die ihm durch die unheilvollen Jahre des Krieges geschlagen worden war. Am 31. Dezember 1920 schreibt er an Lou Andreas Salomé:

»Diese Tage! Es war Herbst, von jener pariser Pracht der Himmel und des Lichts, die diese Jahreszeit der Natur steigert um die Jahreszeit einer längst Natur gewordenen Stadt: welche Überflüsse im Licht, welche Durchdringlichkeit der Dinge, die sich atmosphärisch durchschwingen ließen und diese Vibrierung weitergaben, welche Einheit von Gegenstand und Gegenüber, Nähe und Tiefe der Welt, – welches Neusein der Morgen, welches Alter der Wasser, welche Zärtlichkeit und Fülle des Winds, obwohl er durch Straßen kommt. (...) Ich kann Dir nicht sagen, wie mich in diesem Moment das Glück der Heilung durchfluthete und überstieg, – da erst begriff ich, daß nichts verloren sei, und ein Fortsetzen möglich sein würde, trotz des eben noch so tief unterbrochenen Herzens.«

V Engel der Stille und des Schweigens

Wir leben in einer Welt der Töne und Geräusche: zum Leben gehört nun einmal das Laut-werden, das vom zarten Säuseln bis zum unerträglichen Dröhnen gehen kann. Eine absolute Stille, in der gar nichts wahrgenommen werden kann, peinigt uns eher als daß sie uns befriedigt. Aber auch das wilde Geräuschgemenge, das Ineinanderstürzen verschiedener Klangkaskaden, kann uns quälen und peinigen, so daß wir das Bedürfnis haben, eine Zone zu gewinnen, in der wir den aufdringlichen Tönen entrinnen können.

Rilke war ein empfindsamer Mensch, der leicht störbar und deshalb darauf angewiesen war, eine Umwelt zu finden, in der er nicht andauernd von schrillen Geräuschen aufgeschreckt wurde. Er wußte freilich auch, daß die Störfaktoren nicht nur von außen kommen, sondern durchaus im eigenen Innern produziert werden. Ganz zum Horchenden zu werden, sich völlig dem ›verborgenen Ruf‹ zu überlassen, das war ihm ein tiefstes Bedürfnis.

Wenn es nur einmal so ganz stille wäre.
Wenn das Zufällige und Ungefähre
verstummte und das nachbarliche Lachen,

wenn das Geräusch, das meine Sinne machen,
mich nicht so sehr verhinderte am Wachen –:

Dann könnte ich in einem tausendfachen
Gedanken bis an deinen Rand dich denken
und dich besitzen (nur ein Lächeln lang),
um dich an alles Leben zu verschenken
wie einen Dank.

Gerade unsere Gottesbeziehung ist davon abhängig, daß wir nicht ›große Worte machen‹ und uns dem äußeren oder inneren Lärm überlassen, sondern uns der verwandelnden Kraft des Schweigens überantworten. Rilke hat besonders solche Heilige verehrt, die ganz und gar zum Ohr geworden waren, die die Welt der üblichen Töne durchstoßen konnten, um das geheimnisvolle Wehen zu erlauschen. In der ersten Duineser Elegie heißt es deshalb:

Stimmen, Stimmen. Höre, mein Herz,
wie sonst nur
Heilige hörten: daß sie der riesige Ruf
aufhob vom Boden; sie aber knieten,
Unmögliche, weiter und achtetens nicht:
So waren sie hörend. Nicht daß du Gottes
ertrügest
die Stimme, bei weitem. Aber das Wehende höre,
die ununterbrochene Nachricht, die aus Stille
sich bildet.

Das, was uns wirklich angeht, scheint hinter der Schicht üblicher Worte und hinter den ›Informationssalven‹ unseres Alltags verborgen zu liegen. Man kann sich zwar in der Welt der vertrauten Geräusche einrichten, so daß man in diesem abgeschlossenen Areal bleibt. Aber unser Herz verlangt nach einer Kunde, die quer steht zu den üblichen Konventionen. Und je lauter die Welt, die uns umgibt, wird, je dichter der Geräusch-Kordon, desto mächtiger mag sich das Verlangen nach Stille melden, um aus den Zwängen des Hören-müssens erlöst zu werden. Aber es kann uns geschehen, daß wir gerade dann, wenn wir aus dem Lärm herausgetreten sind, um so stärker von unserem inneren Getöse erfüllt werden. Erst wenn es uns gelingt, daß unsere Seele zur Ruhe kommt, kann sich ein fruchtbares Schweigen ausbreiten.

Die Stille ist kein Selbstzweck, sie ist in unserem Leben auch kein absolutes Ziel, sondern kann zum Ausgangspunkt eines neuen Tönens und wiedergewonnenen Sprechens werden.

Rilke wußte, daß er immer wieder das Schweigen brauchte, damit sich auf diesem Untergrund auch das Gedicht ›zu Wort‹ melden konnte. Als er einmal von Marlise Gerding nach den Entstehungsbedingungen des Stundenbuches gefragt wurde, schrieb er ihr am 14. Mai 1911:

»Es ist lange her, ich wohnte damals in der Nähe Berlins, halb auf dem Lande, und war mit anderen Arbeiten beschäftigt. Da stellten sich mir, seit einer ganzen Zeit schon, morgens beim Erwachen oder an den Abenden, da man die Stille hörte, Worte ein, die aus mir austraten und im Recht zu sein schienen, Gebete, wenn man will, – ich hielt sie dafür, ja nicht einmal: ich sprach sie hin und ordnete mich an ihnen für das Unbekannte des Schlafs oder des beginnenden Tags. Aber endlich fiel mir die Stärke und das Wiedereinsetzen dieser inneren Diktate doch auf, ich begann eines Tages, Zeilen davon aufzuschreiben, das Aufschreiben selbst bestärkte und lockte die Eingebung, zu der unwillkürlichen Freude der inneren Bewegtheit kam die Lust an dem, was nun schon Arbeit war, und über diesem Eingehen auf eine innere Akustik bildete sich in steten Fortschritten das heraus, was Sie als das ›Buch vom mönchischen Leben‹ kennen. (…) Diese Arbeit war niemals eine vorausgesehene oder beabsichtigte: sie brach aus unter der Not der inneren Verschiebungen, mitten aus ihnen, und war weder zu rufen noch zu unterdrücken.«

Das Schweigen und das Lauschen in der Stille hat etwas damit zu tun, die »innere Akustik« zu fördern. Vielleicht decken wir durch die vielen Töne, die sich zum Lärm kumulieren, diesen hörbereiten Innenraum zu. Dann ist es an der Zeit, wieder ins Schweigen zu gehen und die Stille auszuhalten.

Guter Tag. Da prüft man noch: was bringt er?
Und wie langsam liest man seine Schrift.
Rascher, reiner, kühner, unbedingter:
oh wie uns die Freude übertrifft.

Ist uns als die Künftigste zuvor,
wendet sich und blickt und macht uns
schneller,
und wir folgen wie die Vogelsteller,
und das Herz klingt oben bis ins Ohr.

Glück: was rollt das schwer auf seinem Rade,
müde, immer wieder unbereit;
aber Freude steht und blüht gerade,
und wir treten an die Jahreszeit.

Entstanden in Paris im Winter 1913/14.

VI Glück oder Freude?

Welches Verlangen treibt uns um, welche Sehnsucht bestimmt unser Denken und unser Vorausträumen? Es ist gewöhnlich die Hoffnung auf ein glückliches Leben, auf eine glückliche Erfüllung unserer Wünsche. Rilke allerdings mißtraute diesen Sehnsüchten, er war der Auffassung, daß solche Erwartungen enttäuscht werden. In der 9. Duineser Elegie wird das Glück »dieser voreilige Vorteil eines nahen Verlusts« genannt. Was hat die Skepsis gegenüber der Vorstellung von einem beseligenden Glück ausgelöst? Wahrscheinlich die Erwartung eines dauerhaften Zustands, eines permanenten Glücks. Glück ist aber als Dauergabe nicht zu haben, die Glücksfee scheint eine wankelmütige Diva zu sein, die ihre Lose nach einem seltsamen Zufallsprinzip verteilt und von einem geruhsamen Zustand des Behagens nicht viel hält.

Am 31. Januar 1914 schrieb Rilke einen Brief an Ilse Erdmann, einer kranken Frau, die sehr viele Schmerzen zu ertragen hatte und wohl nicht mehr mit einer völligen Heilung rechnen konnte. In diesem Brief legt er seine Unterscheidung von Glück und Freude sehr anschaulich dar.

»Die Realität jeder Freude ist unbeschreiblich in der Welt, nur in der Freude geht noch die Schöpfung vor sich (das Glück dagegen ist nur eine versprechliche und deutsame Constellation schon vorhandener Dinge), die Freude aber ist eine wunderbare Vermehrung des schon Bestehenden, ein purer Zuwachs aus dem Nichts heraus. Wie schwach muß im Grunde doch das Glück uns beschäftigen, da es uns sofort Zeit läßt, an seine Dauer zu denken und darum besorgt zu sein: die Freude ist ein Moment, unverpflichtet, von vornherein zeitlos, nicht zu halten, aber auch nicht eigentlich wieder zu verlieren, indem unter ihrer Erschütterung unser Wesen sich gewissermaßen chemisch verändert, nicht nur, wie es im Glück der Fall sein mag, in einer neuen Mischung sich selber kostet und genießt.«

Wer mit dem Glück ›rechnet‹, meint, ein Anrecht darauf zu haben, wird seinem Schicksal Vorwürfe machen, wenn das Erwartete nicht eintrifft. Aber es mag sein, daß er darüber die Angebote der Freude verpaßt, die sich in seinem Leben ergeben haben. Rilke spricht in dem Brief von dem »Größeren«, das sich in unserem Leben zu Wort melden kann. Es hat das Recht, »unerwartet zu sein, zu kommen, zu gehen«. Es ›muß‹ nicht kommen, es ist nicht die notwendige Konsequenz von etwas Vorhergehendem. »Es tritt gleichsam immer gerade aus der unkenntlichen und unabsehbaren Tiefe hervor, und drum höre ich nie auf, es als Möglichkeit zu fühlen, auch da, wo es ausbleibt.« Wer so lebt, der wird nicht so schnell von Enttäuschungen heimgesucht. – Freude wird als innere Verstärkung verstanden, als Anfangskraft, die uns beseligt, tätig zu werden und die Schöpfung fortzusetzen. Vor allem aber hat Rilke den Eindruck, daß die Freude uns so tief erfaßt, daß wir sie gar nicht mehr einbüßen können, sie ist ein Teil von uns geworden und prägt uns zutiefst.

Einige Monate später greift er den Gedankengang wieder auf, am 5. Dezember 1914 schreibt er an Marianne von Goldschmidt-Rothschild:

»Freude, die wissen Sie zu geben und zu halten, könnt ich Ihnen auch eine bereiten von Zeit zu Zeit; Freude ist unsäglich mehr als Glück, Glück bricht über die Menschen herein, Glück ist Schicksal, Freude bringen sie in sich zum Blühen, Freude ist einfach eine gute Jahreszeit über dem Herzen; Freude ist das Äußerste, was die Menschen in ihrer Macht haben.«

Man könnte sagen, es ist eine Frage der Definition, wie man Glück und Freude kennzeichnet und beide Erfahrungen unterscheidet. Aber die Darlegungen Rilkes haben ihre eigene Überzeugungskraft. Das Glück läßt sich nicht dirigieren, es fällt uns plötzlich zu, es mag uns beseligen, aber festhalten und in Besitz nehmen läßt es sich nicht. Um Freude zu erleben, die ruhiger und unaufdringlicher daherkommt, müssen wir aufmerksam sein und wachsame Sinne haben. Und wir haben selbst etwas zu tun, damit wir von ihr durchdrungen werden und sie nicht mehr verlieren. Vielleicht kann man tatsächlich Menschen danach unterscheiden, ob sie ›Glücksjäger‹ sind und nur in einem jubelnden *Glück* die Wonne ihres Lebens sehen – oder ob sie die Achtsamkeit aufbringen, die Geschenke der *Freude* aufzuspüren und in sich einzulassen. In einem Brief an Editha Klipstein vom 27. Juli 1915 schrieb Rilke über Ilse Erdmann: »Einer der Menschen (fühlt man), die für das Glück verdorben sind, aber gerettet für die Gnade der Freude.«

Den Gedanken vom gnadenhaften Charakter der Freude greift Rilke auch später noch einmal auf. Im September 1919 schrieb er in Soglio für Gudi Nölke, die er dort kennengelernt hatte, folgende Verse auf:

»Und Dürer zeichnete das ›Große Glück‹
ganz übergroß, doch irdisch Stück für Stück,
des Frauen-Leibes fühlendes Gebäude.
Wers überholt und blickt zurück,
verliert ein Ewiges: die große Freude.«

Das große Rennen um ein möglichst vollkommenes Glück hat eine gefährliche Konsequenz: man kann die wahre Freude versäumen. Rilke beruft sich auf die Darstellungen der ›Fortuna‹ im Mittelalter und der Renaissance, bei denen die Glücksgöttin in ihrer Wandelbarkeit und mit ihren sprunghaften Launen dargestellt wird. Aber auch Rilke wollte nicht jede Vorstellung von Glück als problematisch hinstellen. Es gibt – seiner Meinung nach – eine wichtige Voraussetzung: das ›zugeteilte Glück‹ darf nicht dazu verwendet werden, um sich als ›Glückspilz‹ feiern und bewundern zu lassen, es muß im Gegenteil erst verinnerlicht und einverwandelt werden, damit es seinen gefährlichen Charakter verliert. In der siebten Duineser Elegie heißt es deshalb:

»Wir vergessen so leicht, was der lachende Nachbar uns nicht bestätigt oder beneidet. Sichtbar wollen wirs heben, wo doch das sichtbare Glück uns erst zu erkennen sich gibt, wenn wir es innen verwandeln.«

Sei allem Abschied voran, als wäre er hinter
dir, wie der Winter, der eben geht.
Denn unter Wintern ist einer so endlos Winter,
daß, überwinternd, dein Herz überhaupt übersteht.

Sei immer tot in Eurydike –, singender steige,
preisender steige zurück in den reinen Bezug.
Hier, unter Schwindenden, sei, im Reiche der
Neige,
sei ein klingendes Glas, das sich im Klang schon
zerschlug.

Sei allem Abschied voran, als wäre er hinter
dir, wie der Winter, der eben geht.
Denn unter Wintern ist einer so endlos Winter,
daß, überwinternd, dein Herz überhaupt
übersteht.

Sei immer tot in Eurydike –, singender steige,
preisender steige zurück in den reinen Bezug.
hier, unter Schwindenden, sei, im Reiche der
Neige,
sei ein klingendes Glas, das sich im Klang
schon zerschlug.

Sei – und wisse zugleich des Nicht-Seins
Bedingung,
den unendlichen Grund deiner innigen
Schwingung,
daß du sie völlig vollziehst dieses einzige Mal.

Zu dem gebrauchten sowohl, wie zum
dumpfen und stummen
Vorrat der vollen Natur, den unsäglichen
Summen,
zähle dich jubelnd hinzu und vernichte die Zahl.

Sonette an Orpheus (II/XII).

VII Gewinn und Verlust

Wenn unser Leben davon bestimmt ist, daß wir immer Abschied nehmen müssen, daß wir nichts festhalten können, dann müssen wir uns ins Hergeben, ins Loslassen und Verlieren einüben. Rilke scheint von Kindheit an vor dieser Notwendigkeit gestanden zu haben. Die Eltern trennen sich früh, er empfindet Prag nicht wirklich als Heimat, kann sich auch später weder als Österreicher noch als Deutscher oder als Tscheche empfinden. Sein ganzes Leben lang ist er unterwegs, ohne sich irgendwo heimisch niederzulassen. Im ersten Weltkrieg, unter dem er unendlich leidet, merkt er so recht, daß er nicht Stellung beziehen oder gar patriotische Gefühle entwickeln kann. Er schreibt an Ilse Erdmann am 11. September 1915:

»Wie soll ich da, ich, dem Rußland, Frankreich, Italien, Spanien, die Wüste und die Bibel das Herz ausgebildet haben, wie soll ich einen Anklang haben zu denen, die hier um mich großsprechen!«

Dazu kommt, daß er immer ein Lernender und Weiterschreitender bleibt. Wem sich aber der Horizont verändert, wer neue Maßstäbe gewinnt, der kann nicht bisherigen Denkstrukturen verhaftet bleiben. Vor allem seine religiösen Vorstellungen sind grundlegenden Wandlungen ausgesetzt, denen er sich stellt und die er – manchmal schmerzhaft – durchleidet.

Schließlich erfährt er auch materiellen und ideellen Verlust: Er hat seine ganze Habe in Paris zurückgelassen, seine Bibliothek, seine Manuskripte und Briefe, als er – wie er meinte – 1914 für ein paar Wochen nach Deutschland fährt. Der ausbrechende Krieg verhindert eine Rückkehr, seine Habe wird versteigert. Und wenn er auch einige Jahre nach dem Krieg einige Erinnerungsstücke zurückbekommt (André Gide hatte sie ihm gerettet), mußte vieles andere drangegeben werden.

So wird verständlich, daß das Motiv des Verlierens und des Verzichts sich durch das Werk Rilkes zieht. Dabei fällt vor allem auf, daß dieser Verlust nicht bejammert und beklagt wird: man muß zustimmen, muß sich einverstanden erklären. Am 4. Dezember 1919, seinem 44. Geburtstag, entsteht in Zürich folgendes Gedicht:

Wie ist doch alles weit ins Bild gerückt.
Wir staunens an und nennen es: das Wahre.
Und wandeln uns mit ihm im Gang der Jahre.
Und doch ist unsichtbar, was uns entzückt.

Nimm es als Zeichen, nimm es als Beweis –
Drum sorge nicht, ob du etwa verlörst,
dein Herz reicht weiter als die letzte Ferne,
wenn du dich selber selig singen hörst,
so singt die Welt, so jubeln deine Sterne.

Bei allen Wandlungen und allen Verlusten wird auf die Weite des Herzens vertraut. Es hat so viel Raum, daß auch die neuen Einsichten Platz haben. Und es geht nicht an, wegen der Verluste Trübsal zu blasen, sondern sich so auszusingen, daß es gleichsam im ganzen Weltraum widerklingt. Wer dem Verlieren zustimmen kann und sich nicht dagegen stemmt, daß die Dinge sich auflösen, der scheint – im Verständnis Rilkes – sogar etwas dazuzugewinnen. Wer in der überholten Perspektive steckenbleibt, der kann auch nicht das Neu-heraufkommende wahrnehmen, wer sich dagegen im Hergeben eingeübt hat, kann auch gewandelte Kategorien gewinnen. – Im Spätsommer 1917 notiert sich Rilke ein Gedichtbruchstück:

Nur zu Verlierern spricht das Verwandelte. Alle Haltenden würgen.

Auch der Gedanke an den inneren Zusammenhang von Leben und Tod hat Rilke immer begleitet. Wo der Tod mächtig ist, kommt eine ganz andere Seite des Weltganzen zur Erscheinung, ein dunkler Bereich, der aber die uns abgewandte Seite der ganzen Wirklichkeit ist. Im Oktober 1924 entsteht ein Gedichtentwurf, der dieser Thematik gewidmet ist:

Urne, Fruchtknoten des Mohns –,
oh und die leichten, die roten
Blätter, die ihr unwissender Wind entriß ...
Wie schon die Söhne des Sohns!

Alle sooft überboten,
jeder einzelne ungewiß.

Und da stürzt sich die Zeit weiter mit ihnen ins
Tiefe;
was von den Stürzenden bleibt?
Ein verblichenes Bild und vergilbende Briefe
und in dem, der noch lebt, was keiner beschreibt.

Jenes Unsägliche, das wir unendlich beweinen...
Nicht wie Gazelle und Reh,
die in dem künftigen Tier heiter wiedererscheinen,
so verläßlich wie eh.

Unser Besitz ist Verlust. Je kühner, je reiner
wir verlieren, je mehr.

So wie der Fruchtknoten des Mohns die Gestalt einer Urne hat, so kann man auch in der Urne einen Fruchtknoten des Kommenden sehen. Erinnert nicht der Mohn an den Schlafrausch, an den Übertritt in einen ›anderen Zustand‹? Sicher sind alle Abschiede zunächst einmal vom schmerzlichen Vergehen bestimmt, weil wir – anders als die Tiere – die Einmaligkeit der Existenz wahrnehmen. Umso entschlossener sollen wir dem Verlust zustimmen, der Gedichtentwurf endet mit dem vieldeutigen »mehr«, ein »Mehr« ist zu erwarten, wenn der Abschied gewagt wird.

Dieses Doppelantlitz des Abschieds zeigt uns auch ein Entwurf aus der gleichen Zeit, ebenfalls in Muzot entstanden:

Irgendwo blüht die Blume des Abschieds und streut
immerfort Blütenstaub, den wir atmen, herüber;
auch noch im kommendsten Wind atmen wir
Abschied.

Darf man diesen Gedanken auch umwenden? Überall ist zwar der Abschied zu spüren, weil es aber Blütenstaub ist, der herüberweht, deshalb kann man inmitten des Abschieds auch schon wieder eine – wenn auch ferne – Ankunft erahnen.

Nur was vergehen darf, kann dir gehören, heißt es in einem Entwurf zur Fortsetzung der »Winterlichen Stanzen«.

VIII Engel der Sinngebung, Engel der Liebe

Wohl in jedem Menschenleben gibt es Situationen, da sich alles zu verdunkeln scheint; eine Begründung, um das Leben weiter zu ertragen, läßt sich nicht mehr finden; die Schmerzen und die Not werden so stark, daß weit und breit kein Licht zu entdecken ist und es nur noch einen Ausweg zu geben scheint, das ungeliebte Leben möglichst schnell wegzuwerfen.

Im Jahre 1913 bekam Rainer Maria Rilke von einer jungen Frau einen Brief, in der sich die ganze Existenzkrise eines leidenden Menschen aussprach. In ihrer Ausweglosigkeit wandte sie sich an den Dichter des »Stundenbuches« und hoffte von ihm einen Anhaltspunkt zu bekommen, der es ihr ermöglichte, das Leben wieder zu bejahen. Rilke antwortete ihr:

»Ich muß gestehen, es sind alle diese unerhörten Verhältnisse, die mir, hier zu sein, bei allem Schmerz, köstlich machen –, nur je weiter ich lebe, desto nötiger scheint es mir, auszuhalten, das ganze Diktat des Daseins bis zum Schluß nachzuschreiben, denn es möchte sein, daß erst der letzte Satz jenes kleine, vielleicht unscheinbare Wort enthält, durch welches alles mühsam Erlernte und Unbegriffene sich gegen einen herrlichen Sinn hinüberkehrt. Und wer weiß, ob wir nicht in jeweiligen Verhältnissen irgendwie davon abhängen, daß wir hier zu dem Ende gekommen sind, das uns nun einmal bereitet war; auch ist keine Sicherheit dafür gegeben, daß wir, aus zu großer Müdigkeit von hier hinausflüchtend, drüben nicht vor neuen Leistungen stehen, vor denen sich die Seele, bestürzt und unberufen wie sie ankäme, erst recht beschämt fände.«

Das Ja zum Leben, auch wenn das Dasein noch so düster sein mag und kaum Aussicht auf positive Veränderungen verspricht, war für Rilke eine durchgehaltene Grundüberzeugung. Wenn er andere leiden sieht, dann liegt es ihm fern, billigen Trost zu spenden (Trost ist trügerisch und trübe). Aber er war davon überzeugt, von einem Größeren und Umfassenderen umgeben zu sein. »Das Größere bleibt immer im Recht, unerwartet zu sein, zu kommen, zu gehen«, heißt es in einem Brief vom Januar 1914. Den Horizont öffnen, ein Blickfeld ermöglichen, das wenigstens wollte Rilke mit seinen Briefen erreichen. Die wunderbare Wendung unseres Schicksals ist nicht etwas, auf das wir Anspruch hätten, aber wir müssen uns dafür offen halten. »Ich werde das Gefühl nicht los, daß Sie früher oder später die Ernte Ihres Leidens antreten werden und daß das eine wehmütig wunderbare Zeit sein würde, voller leichter Beziehung ins Weite, Offene.«

Und wirklich bewirkte Rilkes Brief etwas im Denken Ilse Erdmanns. Sie schrieb ihm: »Ihr letzter Brief gab mir ein Vorgefühl einer solchen Lösung. Seit diesem Brief weiß ich manchmal wieder, daß es ein geistiges Leben giebt, das eine unendliche Macht allen Erscheinungen des Lebens gegenüber zu setzen hat.«

Was ist es, daß uns die Kraft gibt, schwierige Phasen durchzustehen? Es muß sich die Überzeugung durchsetzen, daß noch etwas ›aussteht‹, daß noch ein ›Wort‹ gesprochen werden muß. Im Mai 1914 heißt es in einem Brief Rilkes:

»Nach Ihrem Briefe bleibt mir das Gefühl, als ob Ihnen selbst dieses Wort ganz nahe läge, der Wink, mit dem Sie der Freundin eine neue Ansicht der Dinge vorführen könnten, jene eine glückliche Gebärde, die man nicht vorbedenken, selber sich kaum zutrauen kann, und die doch plötzlich thut, wenn's in der Noth des anderen nicht weiter geht.«

Verschlägt es uns aber nicht gerade in Zeiten der geistigen Verdunkelung die Sprache? Wir bringen nur noch ein Stammeln heraus und das, was gesagt werden müßte, stellt sich nicht ein. Rilke selbst hat Phasen des Schweigens durchgemacht, in denen sich kein befreiendes Wort einstellen wollte. Aber dann wieder konnte schon der in einem Buch gefundene Text ihm die Stummheit überwinden helfen. Im August 1915 durchlitt Rilke eine krisenhafte Zeit, in der er sich selbst nicht helfen konnte, wie sollte er dann noch die Kraft aufbringen, anderen beizustehen. Weil er aber damals Kierkegaard las, wurde ihm bei der Lektüre ein Halteseil zugeworfen, das ihn selbst überraschte. Daran konnte er auch Ilse Erdmann teilhaben lassen. »Es kommt alles zu seiner Zeit, und bringt man die Kraft nicht auf, so wird sie einem eines Tages in die Hände gelegt, daß man sie weitergäbe.«

»Kein Mensch lebt für sich allein«, heißt es in einem Paulusbrief. Wir sind aufeinander angewiesen, sind voneinander abhängig, leben einer vom andern, werden uns zur Stärkung, wenn wir uns nicht vorenthalten. Vielleicht ist das eine Weise, wie wir füreinander ›Engeldienste‹ übernehmen können. Dann ist es nicht unsere eigene Kraft und Fähigkeit, die auf andere übergeht, wir werden zu einer seltsamen Membran, durch die eine Botschaft Stimme bekommen kann. »Die ›unbekannte Stimme‹ wird vielleicht die einzige sein, die ich jetzt vertrage«, heißt es bei Rilke.

Eine ihn besonders bedrohende Gefahr sah Rilke in der Versuchung, sich an andere Menschen anzuklammern. Wer sich selbst nicht frei gibt und dem anderen nicht seine Einsamkeit zugesteht, der verklebt die Menschen nur miteinander und nimmt ihnen die Möglichkeit, wirklich zu sich zu kommen. So wichtig die Begegnung ist, eine Verschmelzung kann es nicht geben. In einem Gedichtentwurf, Anfang Januar 1916 in Wien entstanden, heißt es:

Mann, sei wie ein Engel,
wenn die Begegnung geschieht und es geht noch
das Mädchen
eingelassen einher im Gleichnis der Kindheit.
Sei wie ein Engel. Laß sie nicht rückwärts. Weiter
gieb ihr die Freiheit. Über das bloße
Lieben gieb ihr die Gnade der Liebe. Bewußtsein
gieb ihr der Ströme. Kühnheit der Himmel
stürze um sie. Durch den empfundenen Herzraum
wirf ihr die Vögel.

Das Verhältnis und die Zuordnung des Engels zum Menschen wird hier als Modell für eine behutsame Beziehung zwischen Menschen, vor allem zwischen Mann und Frau, herangezogen. Der Engel hat – nach diesem Verständnis – zwar die Aufgabe, den Menschen zu leiten, ihm Wege zu eröffnen, weitere Perspektiven sichtbar zu machen, er soll aber den Menschen nicht gängeln, er darf ihm seine Entscheidungen nicht abnehmen und den Prozeß seiner Verselbständigung nicht stören. Und wenn ein Mensch plötzlich in die Funktion gestellt ist, für einen anderen Menschen als Engel zu wirken, dann gilt es, die rechte Distanz zu wahren: ein Anklammern des Hilfsbedürftigen, ein Zurückfallen in kindliche Abhängigkeiten wäre nicht der rechte Weg. Es soll das Neue ermöglicht, das Künftige gewagt werden. Der Raum erweitert sich bei jedem Schritt, aber es muß auch die damit verbundene Einsamkeit akzeptiert werden, ohne die der Vorgang der Reifung nicht möglich ist. Oft genug ist es Rilke nicht gelungen, die selbstverordnete Einsamkeit durchzustehen, und auch die Balance zwischen Nähe und Distanz im Verhältnis zu anderen Menschen hat er nicht immer gefunden, aber gerade im eigenen Mißlingen ging ihm die Wichtigkeit dieser Haltung auf.

Vielleicht ist diese Aufgabe, füreinander ›Engel‹ zu werden, auch immer nur auf Zeit möglich und nötig. Wir sind nun einmal keine Engel, geraten nur manchmal in die Situation, diese Funktion erfüllen zu müssen. Rilke jedenfalls wehrte sich, Ilse Erdmann gegenüber den klugen und wissenden Ratgeber zu spielen, da er doch selbst oft genug hilflos war und des Beistands bedurfte. Am 11. September 1915, in einer Zeit großer Niedergeschlagenheit, schrieb er ihr:

»Ich würde mich als der im Grunde Unbeholfenste, ja als nahezu Hülfebegehrender herausstellen, während Sie in mir doch den Helfenden anzureden entschlossen sind. Und ich weiß, daß keine Überhebung und unmittelbare Unwahrheit darin liegt, wenn ich Sie gewähren lasse, als wäre ich wirklich helfend. Dies ist zwischen uns eine Voraussetzung, von deren Beweis wir absehen –, und am Ende weiß, unter Einsamen, doch keiner, ob er nicht in seiner Noth dem Anderen doch noch tröstlich sei, ob nicht die Gebärden seiner eigensten Ratlosigkeit zeichengebend und winkend in den Raum des Unabsehlichen hineinwirken.«

Die Rolle des hilfreichen Engels kann wechseln, sie kommt einmal dem einen, dann wieder dem anderen zu. Und wirklich löste das Bekenntnis Rilkes, seine eigene Hilflosigkeit betreffend, eine Stärkung und Kräftigung der kranken und von Schmerz geplagten Ilse Erdmann aus. Sie schrieb ihm: »Es scheint mir oft, als gäbe ich Ihnen gar nichts von mir, sondern gäbe Ihnen ein wenig von Ihrer eigenen Kraft zurück. Den Teil dieser Kraft, den ich auffangen konnte, mit dem ich gearbeitet habe und der in mein eigenes Wesen übergegangen ist. Ich wünschte, es wäre viel, was ich Ihnen zurückgeben könnte, ich wünschte, ich wäre weniger begrenzt, daß ich Ihnen helfen könnte und mir nicht nur helfen lasse.«

Im Leben Rilkes läßt sich immer wieder eine doppelte Sehnsucht beobachten: einerseits weiß er, daß er eine ausdrückliche Einsamkeit braucht, er muß das Zurückgeworfensein auf die eigene Person aushalten, muß in die »Bergwerke des Innern« einsteigen; andererseits verlangt er nach der Begegnung, nach dem liebenden Angenommensein.

»Ich muß allein sein. Mich darf keiner stören«, kann er schreiben. Aber dann heißt es wieder:

Sind nicht deshalb Engel
daß einer sich des Wartens freue?

Gerade dann, wenn Rilke eine Phase gelingender Begegnung erfahren durfte, wie mit der Malerin Lulu Albert-Lazard, konnte das Liebeserlebnis als ein »Engelereignis« erfahren werden:

Einzeln sind wir Engel nicht; zusammen
bilden wir den Engel unsrer Liebe:
ich den Gang, du seines Mundes Jugend.

Einer wird für den anderen zur Voraussetzung einer »Engelkonstituierung«. Aber nur dann kann der Engel Gestalt gewinnen, wenn jeder das einbringt, was von ihm erwartet wird. Die Liebe nimmt Gestalt an, sie wird gleichsam zu einer Person.

IX Engel der Rettung

»Blühn und verdorrn ist uns zugleich bewußt«, heißt es in der vierten Duineser Elegie. Der Abschiedscharakter unseres Daseins gehört zu den prägendsten Eigenschaften des Lebens. Wir stehen in einem unaufhaltsamen Wandel und alles, was wir gewinnen, geht auch wieder verloren, nichts kann behalten werden. Wenn alles im Übergang ist, jede Veränderung aber auch zerstört, dann ist es nicht zu verwundern, daß eine gewisse Trauer unser Dasein bestimmt. Rilke hat dem auf vielfältige Weise Ausdruck gegeben, besonders eindrucksvoll am Ende der achten Duineser Elegie:

Und wir: Zuschauer, immer, überall,
dem allen zugewandt und nie hinaus!
Uns überfüllts. Wir ordnens. Es zerfällt.
Wir ordnens wieder und zerfallen selbst.

Wer hat uns also umgedreht, daß wir,
was wir auch tun, in jener Haltung sind
von einem, welcher fortgeht? Wie er auf
dem letzten Hügel, der ihm ganz sein Tal
noch einmal zeigt, sich wendet, anhält, weilt –,
so leben wir und nehmen immer Abschied.

Gibt es denn nicht doch eine Dimension des Unvergänglichen, das der Zerstörung Widerstand leistet und das einmal Erreichte ins Bleibende rettet? Für Rilke ist der Engel der Inbegriff des Zeitübergreifenden, der nicht dem Wandel unterliegt. Deshalb kann er angerufen werden, damit die aufscheinende Kostbarkeit, das plötzliche Gelingen nicht wieder ins Vergessen fällt. In der fünften Duineser Elegie stehen die Fahrenden im Mittelpunkt, die Artisten und Seiltänzer, deren kunstvoller Auftritt nur ganz kurz dauert und schnell wieder vorüber ist. Selbst die kühnsten Sprünge und die wagemutigsten Pirouetten, Ergebnisse ihrer langen artistischen Übung, sind im Nu wieder vorüber. Wenn aber der Engel sie auffängt, sie in seine Welt des Dauerns hinübernimmt, gehen sie nicht verloren.

Und dennoch, blindlings,
das Lächeln ...

Engel! o nimms, pflücks, das kleinblütige Heilkraut.
Schaff eine Vase, verwahrs! Stells unter jene, uns
noch nicht offenen Freuden; in lieblicher Urne
rühms mit
blumiger schwungiger Aufschrift: ›Subrisio Saltat‹.

Es wäre wohl eine niederschmetternde Erkenntnis, wenn am Ende immer nur das Zerfallen und Zunichtewerden stünde. Es bleibt in uns die währende Hoffnung, daß alles letztlich aufgefangen und bewahrt wird. Es ist ein großes Vertrauen nötig, wenn wir uns ins Hergeben und Loslassen einüben sollen und dennoch die Zuversicht behalten können, daß eine geheimnisvolle Instanz alles Gültige hütet.

Nichts geht verloren, alles giebt sich weiter.
Wer es im Innersten begreift der steigt,
und oben ist das Ende seiner Leiter
ans Gleichgesinnte angeneigt.

Hier spricht sich ein ganz starkes Seinsvertrauen aus. Wohl muß zunächst das Zerfallen und Zerstieben konstatiert werden, das alles Sichtbare betrifft, mit dem wir es zu tun haben. Erst, wenn es ›drangegeben‹ wird und scheinbar verloren ist, kann es wirksam werden und in ein größeres Neues eingehen. An seinen Dichterfreund Hans Carossa hat er am 7. Februar 1924 einen Vierzeiler geschrieben, in dem dieser Gedanke variiert wird:

Auch noch Verlieren ist u n s e r; und selbst das
Vergessen
hat noch Gestalt in dem bleibenden Reich der
Verwandlung.
Losgelassenes kreist; und sind wir auch selten die
Mitte
einem der Kreise: sie ziehn um uns die heile
Figur.

Wenn ein Dichter schreibt und sein Poem aus der Hand gibt, hat er es ›verloren‹, muß er mit dem Vergessenwerden rechnen. Aber das gültig Gestaltete hat seine eigene Dignität, es ist in das bleibend Gültige eingegangen und ein Element des verwandelten Daseins geworden. Und solche Verdichtungen rufen ausstrahlende Kreise hervor, sie stiften Zellen des Heilseins. Das ist die Hoffnung und die geheime Überzeugung des Dichters.

Ohne Wagnis geht unser Dasein nicht voran. Rilke erinnert an die Pflanzen, die das Wachstum auf sich nehmen, die sich zu behaupten suchen und jeden Sonnenstrahl, jeden Regentropfen und jedes Krümchen Erde ausnutzen, um dem Leben zu dienen, ohne die Gewähr, auch zur Blüte und Frucht zu kommen. So wird vom Dichter erwartet, das große Jawort zu sprechen, auch wenn er bis zum Äußersten ungeschützt und ausgesetzt ist und nicht mit Sicherheit sagen kann, wohin die Bewegung seiner poetischen Bemühung geht. – Am 4. Juni 1924 schrieb er in ein Exemplar des ›Malte‹ für den Diplomaten Hellmuth Freiherrn Lucius von Stoedtner folgendes Gedicht:

Wie die Natur die Wesen überläßt
dem Wagnis ihrer dumpfen Lust und keins
besonders schützt in Scholle und Geäst:
so sind auch wir dem Urgrund unseres Seins
nicht weiter lieb; e r w a g t u n s . Nur daß wir,
mehr noch als Pflanze oder Tier,

mit diesem Wagnis gehn; es wollen; manchmal auch
wagender sind (und nicht aus Eigennutz)
als selbst das Leben ist –, um einen Hauch
wagender ... Dies schafft uns, außerhalb von
Schutz,
ein Sichersein, dort wo die Schwerkraft wirkt
der reinen Kräfte; was uns schließlich birgt
ist unser Schutzlossein und daß wir's so
in's Offne wandten, da wir's drohen sahen,
um es, im weitsten Umkreis, irgendwo,
wo das Gesetz uns anrührt, zu bejahen.

Was hier vom Dichter ausgesagt wird, ist es nicht das Kennzeichen jedes Menschen, der sich auf das Wagnis seiner eigenen Existenz einläßt? Es gibt keine absolute Geborgenheit – und doch gehen wir oft mit dem Gefühl einer letzten Sicherheit unseren Weg, nicht im Vergeblichen zu enden.

Wir brauchen den Engel, der das Zerbrechliche und Gefährdete auffängt und ins Gültige überführt. Was der Engel anschaut, das bekommt eine neue Qualität, es wird aus seiner punktuellen Flüchtigkeit herausgelöst und wird schon in die Nähe des Bleibenden gerückt.

Am 14. Januar 1913 hatte Rilke in Ronda schon ein Gedicht »An den Engel« geschrieben, dessen letzte Strophen lauten:

Wenn wir weinen, sind wir nichts als rührend,
wo wir anschaun sind wir höchstens wach;

unser Lächeln ist nicht weit verführend,
und verführt es selbst, wer geht ihm nach?

Irgendeiner. Engel, klag ich, klag ich?
Doch wie wäre denn die Klage mein?
Ach, ich schreie, mit zwei Hölzern schlag ich
und ich meine nicht, gehört zu sein.

Daß ich lärme, wird an dir nicht lauter,
wenn du mich nicht fühltest, weil ich b i n .
Leuchte, leuchte! Mach mich angeschauter
bei den Sternen. Denn ich schwinde hin.

Das Nicht-angeschaut-werden löst beim Menschen die Angst vor dem Hinschwinden aus. Erst die schauenden Augen des Engels erlösen von dieser brüchigen Existenz und geben Anteil an einer verläßlicheren Wirklichkeit.

An die Musik

Musik: Atem der Statuen. Vielleicht:
Stille der Bilder. Du Sprache wo Sprachen
enden. Du Zeit,
die senkrecht steht auf der Richtung
vergehender Herzen.

Gefühle zu wem? O du der Gefühle
Wandlung in was? –: in hörbare Landschaft.
Du Fremde: Musik. Du uns entwachsener
Herzraum. Innigstes unser,
das, uns übersteigend, hinausdrängt, –
heiliger Abschied:
da uns das Innre umsteht
als geübteste Ferne, als andre
Seite der Luft:
rein,
riesig,
nicht mehr bewohnbar.

Eintrag ins Gästebuch von Hanna Wolff nach einem Hauskonzert, Januar 1918.

X Engel der Musik, Orpheus des Gesangs

*F*ür Musik hatte Rilke nicht das gleiche Interesse wie für die Dichtung oder die bildende Kunst. Vielleicht hatte er die Befürchtung, die Musik mit ihren irrationalen dionysischen Elementen hätte eine Verlockung, die zur Gefahr werden könnte. Aber im Laufe seines Lebens wurde er immer mehr vertraut mit den musikalischen Ausdrucksformen, zumal die Freundschaft mit Musikerinnen und Musikern ihm das Ohr für diese Welt öffnete. In Paris und dann in Spanien beschäftigte er sich mit Werken von Fabre d'Olivet, die ihn sehr bewegten. Am 17. November 1912 schrieb er an die Fürstin:

»In der Musik allein tritt der unerhörte Fall ein, daß das Gesetz, das doch sonst immer befiehlt, flehentlich wird, offen, unendlich unser bedürftig. Hinter diesem Vor-wand von Tönen nähert sich das All, auf der einen Seite sind wir, auf der andern, durch nichts von uns abgetrennt, als durch ein bißchen gerührte Luft, aufgeregt durch uns, zittert die Neigung der Sterne. Darum besticht es mich so, Fabre d'Olivet zu glauben, daß nicht allein das *Hörbare* in der Musik entscheidend sei, denn es kann etwas angenehm zu hören sein, ohne daß es *wahr* sei; mir, dem es überaus wichtig ist, daß in allen Künsten nicht der Anschein entscheidet, ihr ›Wirken‹ (nicht das sogenannte ›Schöne‹,) sondern die tiefste innerste Ursache, das vergrabene Sein, das diesen Anschein, der durchaus nicht gleich als Schönheit muß einsehbar werden, hervorruft, – mir würde es verständlich sein, daß man in den Mysterien eingeweiht wurde in die *Rückseite der Musik*, in die seelige Zahl, die sich dort theilt und wieder zusammennimmt und aus unendlichen Vielfachen in die Einheit zurückfällt ...«

Rilke weist hier – ohne sie beim Namen zu nennen – sowohl auf die Gemeinschaft der Pythagoräer hin, deren Zahlenmeditation in ihren Kult hineinwirkte, als auch auf die mystische Philosophie Plotins, nach dem das All aus der ›Eins‹ hervorgegangen ist und wieder zu ihr zurückkehrt. – Vor allem aber will er deutlich machen, wie sehr die Musik in kosmische Zusammenhänge hineinführt. Die Sphärenklänge sind für uns nicht hörbar, und doch schwingt etwas von ihren Tönen in unsere Musik hinein. Deshalb möchte er strenge Maßstäbe an das Musizieren anlegen, es genügt nicht, angenehme Melodien für unsere ›Oberflächenohren‹ zu produzieren, wir sind zu einer umfassenderen Verantwortung aufgerufen.

Wie wirken sich diese Einsichten und Erkenntnisse im Werk Rilkes aus? Die Musik bekommt zusehends mehr Bedeutung. Schon im Frühjahr 1914, als Rilke die Freundschaft einer Pianistin erfuhr, Magda von Hattingberg, muß er die verwandelnde Kraft der Musik erfahren haben. Sie kann Türen öffnen, das Herz bewegen, uns in Bereiche geleiten, die uns vorher verschlossen waren. Ihr, der Schülerin des italienischen Pianisten und Komponisten Ferruccio Benvenuto Busoni, schrieb er am 17. Februar 1914:

»Du hast Engel um Dich in Deiner Musik, Du hast Engel um Dich in Deiner Freude, Du hast Engel um Dich in der Reinheit des Gemüths –: Du hast viele Engel um Dich: vielleicht thun sie Dir viel zu lieb.«

Und die Musikerin schrieb ihm zurück: »Musik ist immer Auferstehung und in ihrem Schmerzhaftesten noch ein Sturm, der die Himmel von der Last türmender Wolken befreien will.« – Rilke hatte diese junge Frau, bevor er sie persönlich kennenlernte, wie eine geheimnisvoll Erwartete ersehnt und sie deshalb ›Benvenuta‹ genannt. Er schrieb ihr:

»Ihre Musik sollte (so laß ich mich zu träumen gehen) nicht nur die Innenwelt mir neu ordnen, sondern auch mit lauter neuen äußeren Beziehungen zusammenhängen.«

Heilende Kräfte erhoffte er von der Musik, die alte Wunden heilen könnte und einen neuen größeren Raum des Daseins eröffnen würde.

»Sie können sich denken, daß es Momente gibt, wo ich auf die Musik hoffte –, immer wieder mir vorstellend, daß es doch unter den Mächten der Erde eine geben müsse, die mich an alles Menschliche anschlösse ohne mich darin zu ersticken, eine, die mir das Herz unbeschreiblich zur Blüthe brächte und dann als ein geschützter gewährender Raum herum anstünde, damit es imstande sei, die wirkliche Frucht anzusetzen, die es nie getragen hat.«

Seine Briefpartnerin bestärkte ihn noch in seinen Hoffnungen, indem sie ihm schrieb: »Musik ... ist wie jener gute Geist einer unbekannten, himmlischen Güte, die in tausend Schwingungen und leisen Atemzügen der Natur unser Ohr und unsere Seele erfüllt, gerade dann und gerade in jenen Momenten, in denen wir ihrer am Meisten bedürfen.«

In den »Sonetten an Orpheus« bekommt die Musik schließlich einen ganz besonderen Stellenwert. Orpheus, der antike Sänger, hat mit der Kraft seines Gesangs sogar die Mächtigen der Unterwelt zu bewegen gewußt. Als man wilde Tiere gegen ihn schickte, besänftigte er sie durch den Wohllaut seiner Stimme. Er singt auf den Bergeshöhen und wird zum Lobkünder des Sonnenlichts. Und selbst als ihn die Mänaden zerrissen und in den Fluß warfen, hörte sein Haupt nicht auf zu singen. – Bei Rilke ist Orpheus der Sänger schlechthin.

Denn Orpheus ists. Seine Metamorphose
in dem und dem. Wir sollen uns nicht mühn

um andre Namen. Ein für alle Male
ists Orpheus, wenn es singt. Er kommt und geht.
(I/V)

Und der Gesang des Orpheus ist nicht einfach ein süßes, zu Herzen gehendes Getön, die Welt kann durch ihn geheilt und vollendet werden. Und gerade wir, die wir so unfertig sind und nur ahnen, was in uns angelegt ist, haben diese lebenweckende Musik nötig.

Gesang, wie du ihn lehrst, ist nicht Begehr,
nicht Werbung um ein endlich noch Erreichtes;
Gesang ist Dasein. Für den Gott ein Leichtes.
Wann aber s i n d wir? Und wann wendet e r
an unser Sein die Erde und die Sterne?(I/III)

Auch wenn sich in unserer Welt alles wandelt und wir einen Bereich der Leiden und des Todes durchschreiten müssen und das, was wirklich gilt, die Liebe, noch nicht gelernt haben, gibt uns der Sänger Orpheus schon Anteil an der ersehnten Heilheit und Ganzheit:

Einzig das Lied überm Land
heiligt und feiert. (I/XIX)

Uns muß »Musik in das veränderte Herz« fallen (I/XXV), so daß wir »begabt mit Gehör« werden (I/XXVI), damit das Chaos unserer Welt sich zu einer neuen Ordnung füge. Wie ein flehender Ruf geht es an den Orpheus:

Ordne die Schreier,
singender Gott! daß sie rauschend erwachen.
(II/XXVI)

L'Ange Du Méridien
(Chartres)

Im Sturm, der um die starke Kathedrale
wie ein Verneiner stürzt der denkt und denkt,
fühlt man sich zärtlicher mit einem Male
von deinem Lächeln zu dir hingelenkt:

lächelnder Engel, fühlende Figur,
mit einem Mund, gemacht aus hundert Munden:
gewahrst du gar nicht, wie dir hundert Stunden
abgleiten von der vollen Sonnenuhr,

auf der des Tages ganze Zahl zugleich,
gleich wirklich, steht in tiefem Gleichgewichte,
als wäre alle Stunden reif und reich.

Was weißt du, Steinerner, von unserm Sein?
und hältst du mit noch seligrem Gesichte
vielleicht die Tafel in die Nacht hinein?

Frühsommer 1906.

XI Engel der Zeit

An der Kathedrale von Chartres steht ein steinerner Engel, dem man im Spätmittelalter eine Sonnenuhr in die Hände gelegt hat. Gelassen steht er da, präsentiert uns die Zeitscheibe mit dem Zeiger und bietet uns gleichsam in jedem Moment die Zeit an, die wir gerade erleben dürfen. Er schenkt uns – immer wieder neu – die aktuelle Stunde. Am 26. Januar 1906 schrieb Rainer Maria Rilke an seine Frau Clara über diese Statue:

»Ein verwitterter, schlanker Engel, der vor sich her eine Sonnenuhr hält, aufgeschlagen den ganzen Stundengang des Tages, und darüber sieht man, unendlich schön noch in seinem Vergehen, das tiefe Lächeln seines freudig dienenden Gesichts, wie Himmel, der sich spiegelt.«

Rilke sah zwar auch den Zerfall der Steinskulptur, was ihm aber vor allem auffiel, war der stille Dienst des Engels, der uns auf die Zeit hinweist; er bietet sie uns und fordert uns gleichsam dazu auf, sie respektvoll anzunehmen, als großes Geschenk zu achten, damit das getan werden kann, was in der jeweiligen Stunde – gleichsam in ihrem Kern – steckt. Der Engel strahlt eine wunderbare Ruhe aus. Er ist unserer Zeit nicht unterworfen, gehört einer anderen Ordnung an. Aber man hat ihm gewissermaßen die Zeit anvertraut; und so erinnert er uns daran, daß ›Zeit‹ etwas mit ›Gnade‹ zu tun hat, mit dem Gewähren einer Lebensspanne, wenn sie auch bemessen ist und nicht beliebig verlängert werden kann. In Rilkes Brief heißt es weiter:

»Als wir aber an die Kathedrale kamen, bog unerwartet ein Wind, wie jemand sehr Großes, um die Ecke des Engels und ging mit einer Unerbittlichkeit durch uns durch, scharf und zerschneidend (…) Und in diesem vent errant standen wir wie Verdammte im Vergleich zu dem Engel, der so selig sein Zifferblatt einer Sonne hinhielt, die er immer sah.«

Die besondere Wahrnehmungsfähigkeit Rilkes führt dazu, daß er das, was er ›im Außen‹ wahrnimmt, mit seinem ›Inneren‹ in Beziehung setzt, deshalb fällt ihm der Kontrast auf zwischen dem Sturm, in dem wir Menschen drinstecken und herumgewirbelt werden und der Abgeklärtheit des Engels.

Uns zeitverhafteten Wesen ist ein zerrinnender Zeitraum gewährt. Die offene Frage ist, was wir mit dieser gestundeten Frist anfangen. Wir können sie vergeuden, achtlos verrinnen lassen, sie totschlagen, sie aber auch als geheimnisvolle Gabe dankbar annehmen und durchleben. Wenn wir unsere Erfahrungen immer nur in der jeweiligen Stunde, dem aktuellen Moment machen können, dann kommt es darauf an, das Potential dieser weiterfließenden ›Weile‹ auszuschöpfen. Aber die Zeit ruft in uns wohl auch immer ein Gefühl der Trauer, der Melancholie herauf, weil es zu unserem Wesen gehört, nichts Bleibendes in den Händen zu behalten.

Als Rilke im Winter 1920/21 das Schlößchen Berg am Irchel bewohnen konnte, schrieb er einen Gedichtzyklus, den er mit dem kryptischen Titel versah: »Aus dem Nachlaß des Grafen C.W.«. Das zehnte Gedicht der Ersten Reihe lautet:

Wunderliches Wort: die Zeit vertreiben!
Sie zu h a l t e n , wäre das Problem.
Denn, wen ängstigst nicht: wo ist ein Bleiben,
wo ein endlich S e i n in alledem? –

Sieh, der Tag verlangsamt sich, entgegen
jenem Raum, der ihn nach Abend nimmt:
Aufstehn wurde Stehn, und Stehn wird Legen,
und das willig Liegende verschwimmt –

Berge ruhn, von Sternen überprächtigt; –
aber auch in ihnen flimmert Zeit.
Ach, in meinem wilden Herzen nächtigt
obdachlos die Unvergänglichkeit.

Im Zeitlichen sehnt sich der Mensch nach dem Zeitübergreifenden, vielleicht ahnt er auch, daß ihm mitten im zeitlichen Wandel eine Ahnung vom Ewig-Bleibenden geschenkt wird. – Aber auch der normale Ablauf der Zeiten konfrontiert uns mit unterschiedlichen Erfahrungen: es gibt Tage und Stunden, da scheint uns nichts zu gelingen, sie bleiben leer und fragil und wir fragen uns, ob alles ins Sinnlose und Vergebliche münden soll. Rilke hat lange Phasen erlebt, in denen er nicht schreiben konnte und ihn eine tiefe Niedergeschlagenheit erfaßte, ob er das ihm am Herzen liegende poetische Werk noch zu Ende schreiben könne. Er mußte sich selbst zur Geduld aufrufen, um die Stunde zu erspüren, die dann noch das Gelingen schenken konnte.

Im Jahre 1904 verbrachte Rilke einige Monate in Schweden und Dänemark und war eine Zeitlang der Gast eines schwedischen Ingenieurs mit dem Namen Johnny Gibson. Beim Abschied schrieb er ihm in seine Rodin-Monographie ein Gedicht als Widmung, in dem von der Zuversicht in Zeiten der inneren Dürre die Rede ist. Das scheinbar so Sinnlose und Fruchtlose kann sich – aus späterer Perspektive – als eine notwendige Zwischenstufe erweisen, die ausgehalten werden mußte, um das zu erreichen, was ohne sie nicht möglich gewesen wäre.

Zeiten giebt es, in denen wie hinter Türen,
als ob es uns nicht gehörte, das Leben steht;
alle Wege, die wir beginnen, führen
in ihren Anfang zurück, wie zu Kreisen gedreht.

Aber wenn wir dann in Verzweifeln und Hoffen
Wege ersehen ins fremde Leben hinaus –:

ist das Leben in uns auf einmal unser und offen,
wartend und warm wie am Abend das eigene Haus.

Und dann wird schon die Freude allein zum Berufe,
aus den suchenden Händen drängt sich die Arbeit
hervor,
selbst der verlorene Tag ist eine steigende Stufe
in das Neue hinein und zu dem Nächsten empor.
(...)

Denn d a s ist der Wirklichkeit Welt; was
Menschen vollbrachten,
hier ist es geschehen; und Großes kommt darin vor;
doch das Große geschah nur: weil Tausende
täglich erwachten
und schafften und planten und litten und liebten
und dachten
und weil sich von alledem nichts verlor ...

Während Rilke gewöhnlich für den schöpferischen Akt die strikteste Einsamkeit, die gewissermaßen mönchische Klausur, vorsah, deutet er in diesem Gedicht an, daß auch der Dichter in einem Geflecht von Beziehungen steht. Weil die unzähligen Menschen ihrem Leben und ihrer Arbeit nachgehen, entsteht ein zusammenhängendes Gewebe, das auch der Dichter voraussetzen muß, auf das er aufbaut. Und er muß wissen, daß auch der scheinbar verlorene Tag sich als ein Baustein erweisen kann, der für das künftige Gebäude wichtig wird.

Vor allem mag es die Aufgabe des Dichters sein, zu erspüren, welche Möglichkeiten sich in einer bestimmten Stunde anbieten. Es mag lange Zeiträume geben, wo alle Türen geschlossen sind; wenn sich aber die Pforte öffnet, muß der Gang ins Neue angetreten werden. Auch die Stunden eines schweren und tiefen Schlafes haben ihre Notwendigkeit. Wer aber spürt den Moment, an dem man hellwach zu sein hat?

Als Rilke am 27. Oktober 1919 in Zürich eine Vorlesung aus eigenen Werken hielt, endete er seine Vorrede mit einer Aufforderung an die Zuhörer, die er aber auch an sich selbst richtete:

»Lassen Sie uns, soweit es an uns liegt, alles tun für die wirkliche redliche Gemeinsamkeit dieser Stunde!«

Erlebnis

»Es mochte wenig mehr als ein Jahr her sein, als ihm im Garten des Schlosses, der sich den Hang ziemlich steil zum Meer hinunterzog, etwas Wunderliches widerfuhr. Seiner Gewohnheit nach mit einem Buch auf und ab gehend, war er darauf gekommen, sich in die etwa schulterhohe Gabelung eines strauchartigen Baumes zu lehnen, und sofort fühlte er sich in dieser Haltung so angenehm unterstützt und so reichlich eingeruht, daß er so, ohne zu lesen, völlig eingelassen in die Natur, in einem beinah unbewußten Anschaun verweilte. Nach und nach erwachte seine Aufmerksamkeit über einem nie gekannten Gefühl: es war, als ob aus dem Innern des Baumes fast unmerkliche Schwingungen in ihn übergingen; er legte sich das ohne Mühe dahin aus, daß ein weiter nicht sichtlicher, vielleicht den Hang flach herabstreichender Wind im Holz zur Geltung kam, obwohl er zugeben mußte, daß der Stamm so stark schien, um von einem so geringen Wehen so nachdrücklich erregt zu sein. Was ihn überaus beschäftigte, war indessen nicht diese Erwägung oder eine ähnliche dieser Art, sondern mehr und mehr war er überrascht, ja ergriffen von der Wirkung, die jenes in ihn unaufhörlich Herüberdringende in ihm hervorbrachte: er meinte nie

von leiseren Bewegungen erfüllt worden zu sein, sein Körper wurde gewissermaßen wie eine Seele behandelt und in den Stand gesetzt, einen Grad von Einfluß aufzunehmen, der bei der sonstigen Deutlichkeit leiblicher Verhältnisse eigentlich gar nicht hätte empfunden werden können. Dazu kam, daß er in den ersten Augenblicken den Sinn nicht recht feststellen konnte, durch den er eine derartig feine und ausgebreitete Mitteilung empfing; auch war der Zustand, den sie in ihm herausbildete, so vollkommen und anhaltend, anders als alles andere, aber so wenig durch Steigerung über bisher Erfahrenes hinaus vorstellbar, daß er bei aller Köstlichkeit nicht daran denken konnte, ihn einen Genuß zu nennen. Gleichwohl, bestrebt, sich gerade im Leisesten immer Rechenschaft zu geben, fragte er sich dringend, was ihm da geschehe, und fand fast gleich einen Ausdruck, der ihn befriedigte, vor sich hinsagend: er sei auf die andere Seite der Natur geraten. Wie im Traume manchmal, so machte ihm jetzt dieses Wort Freude, und er hielt es für beinah restlos zutreffend. Überall und immer gleichmäßiger erfüllt mit dem in seltsam innigen Abständen wiederkehrenden Andrang, wurde ihm sein Körper unbeschreiblich rührend und nur noch dazu brauchbar, rein und vorsichtig in ihm dazustehen, genau wie ein Revenant, der, schon anderswo wohnend, in dieses zärtlich Fortgelegtgewesene wehmütig eintritt, um noch einmal, wenn auch zerstreut, zu der einst so unentbehrlich genommenen Welt zu gehö-

ren. Langsam um sich sehend, ohne sich sonst in der Haltung zu verschieben, erkannte er alles, erinnerte es, lächelte es gleichsam mit entfernter Zuneigung an, ließ es gewähren, wie ein viel Früheres, das einmal, in abgetanen Umständen, an ihm beteiligt war. Einem Vogel schaute er nach, ein Schatten beschäftigte ihn, ja der bloße Weg, wie er da so hinging und sich verlor, erfüllte ihn mit einem nachdenklichen Einsehn, das ihm um so reiner vorkam, als er sich davon unabhängig wußte. Wo sonst sein Aufenthalt war, hätte er nicht zu denken vermocht, aber daß er zu diesem allen hier nur zurückkehrte, in diesem Körper stand, wie in der Tiefe eines verlassenen Fensters, hinübersehend: – davon war er ein paar Sekunden lang so überzeugt, daß die plötzliche Erscheinung eines Hausgenossen ihn auf das qualvollste erschüttert hätte, während er wirklich, in seiner Natur, darauf vorbereitet war, Polyxène oder Raimondine oder sonst einen Verstorbenen des Hauses aus der Wendung des Weges heraustreten zu sehn. Er begriff die stille Überzähligkeit ihrer Gestaltung, es war ihm vertraut, irdisch Gebildetes so flüchtig unbedingt verwendet zu sehn, der Zusammenhang ihrer Gebräuche verdrängte aus ihm jede andere Erziehung; er war sicher, unter sie bewegt, ihnen nicht aufzufallen. Eine Vinca, die in seiner Nähe stand und deren blauem Blick er wohl auch sonst zuweilen begegnet war, berührte ihn jetzt aus geistigerem Abstand, aber mit so unerschöpflicher Bedeutung, als ob nun nichts mehr zu verbergen sei. Überhaupt konnte er merken, wie sich alle Gegenstände ihm entfernter und zugleich irgendwie wahrer gaben, es mochte dies an seinem Blick liegen, der nicht mehr vorwärts gerichtet war und sich dort, im Offenen, verdünnte; er sah wie über die Schulter zu den Dingen zurück, und ihrem für ihn abgeschlossenen Dasein kam ein kühner süßer Beigeschmack hinzu, als wäre alles mit einer Spur von der Blüte des Abschieds würzig gemacht. – Sich sagend von Zeit zu Zeit, daß dies nicht bleiben könne, fürchtete er gleichwohl nicht das Aufhören des außerordentlichen Zustands, als ob von ihm, ähnlich wie von Musik, nur ein unendlich gesetzmäßiger Ausgang zu erwarten sei.

Auf einmal fing seine Stellung an, ihm beschwerlich zu sein, er fühlte den Stamm, die Müdigkeit des Buches in seiner Hand und trat heraus. Ein deutlicher Wind blätterte jetzt in dem Baum, er kam vom Meer, die Büsche den Hang herauf wühlten ineinander.«

Januar oder Februar 1913.

XII »Erlebnis« im Garten von Duino

Manchmal machen wir Erfahrungen, die wir nie mehr vergessen, die sich so intensiv einprägen, daß wir das Geschehen als einschneidendes Ereignis im Gedächtnis behalten. Es müssen nicht aufsehenerregende Vorkommnisse sein, sie mögen unscheinbar daherkommen, aber in unserem Innern haben sie vielleicht eine neue Sicht ermöglicht, ein bisher ungeahntes Verständnis von größeren Zusammenhängen. Gehen wir aber daran, das Besondere und vielleicht Einmalige dieses Geschehens auszudrükken, es in Worte zu kleiden, dann merken wir meist erst, wie schwierig das ist, weil die uns geläufigen Worte und Ausdrücke nicht auszureichen scheinen, um das, was wir erlebt haben, angemessen auszudrücken. Deshalb sind wir glücklich, wenn wir den Text eines Dichters finden, der es fertig bringt, eine Erfahrung, die sich der Verbalisierung zu entziehen scheint, doch noch so mitzuteilen, daß wir – mehr ahnend als wissend – den Vorgang nachvollziehen können.

Rilke verbrachte den Winter 1911/1912 im Schloß Duino, die Fürstin Marie von Thurn und Taxis hatte ihn eingeladen. In dieser Zeit schrieb er die ersten beiden Duineser Elegien und entwarf – mindestens bruchstückhaft – etliche der übrigen.

Da er fast allein in dem großen Schloß wohnte, war er in besonderer Weise auf sich zurückgeworfen und wurde für innere Vorgänge außerordentlich wahrnehmungsfähig und sensibel. In dieser Verfassung muß er das »Erlebnis« gehabt haben, das er aber damals noch nicht aufzuzeichnen versuchte.

Ein Jahr später befand er sich – auf seiner Spanienreise – in der südspanischen Stadt Ronda, dort trug er im Januar oder Februar 1913 den Text in sein Taschenbuch ein. Wie es seine Art war, dachte er lange nicht an eine Veröffentlichung. Erst als er im Sommer 1918 von Katharina Kippenberg, der Frau seines Leipziger Verlegers, gefragt wurde, ob er ihr nicht ein Gedicht oder einen Text für einen Almanach des Insel-Verlags schicken könne, trennte er sich schweren Herzens von der Aufzeichnung. Der Brief an Frau Kippenberg macht deutlich, wie wichtig sie ihm war:

»Diesmal lege ich Ihnen… ein Stück Prosa vor, das mir inhaltlich so wichtig und in seinem Ereignis so vollkommen ist, daß ich mich nicht eben leicht davon trenne. Der Veröffentlichung scheint die kleine und genaue Aufzeichnung insofern gewachsen zu sein, als sich nicht oft ein Unbeschreibliches bieten wird, das hier doch einigermaßen aufgefaßt und beschrieben ist.«

Daß Rilke hier von etwas »Unbeschreiblichem« redet, macht deutlich, daß es sich bei der mitgeteilten Szene um ein Ereignis handelt, das ihn zutiefst bewegt hat, das ihm mit einer – ihn selbst überraschenden – Deutlichkeit die ›Ganzheit des Daseins‹ einsichtig gemacht habe, die Verbundenheit von Leben und Tod, von der uns zugänglichen mit einer uns abgekehrten Welt.

Katharina Kippenberg hat sofort die Wichtigkeit der Prosaskizze erkannt, sie schrieb ihm am 1. August 1918:

»Daß Sie sich davon haben trennen können – soll es von tausend fremden Augen betrachtet werden, – soll es? – Ich stehe davor als eine Gläubige und schauernd Mitfühlende und vermute, daß sich Ihnen schon öfter eine solche Ritze geöffnet hat? Bewundern tu ich, wie Sie mit fast kühler Präzision und Sachlichkeit und keineswegs ausfallenden und beschwörenden Mitteln das Außerordentliche beschrieben haben, das Unfaßliche hineinkomponiert in eine Ihnen doch nur zur Verfügung stehende Faßlichkeit. Um so größer ist vielleicht der Schreck, als nach den ersten erstaunlichen Wahrnehmungen die Deutung fällt ›ich bin auf die andre Seite der Natur geraten‹ und nun die Grenze überschritten und kein Wundern mehr ist, wo das Gewohnte fremd und das Unnatürliche die rechte Welt geworden. Freilich meldet sich gleich die Ungeduld, warum man höchstens davon zu erzählen fähig ist und nun dasteht, wie wenn ein Unbekannter einem ein Paket in die Hand gedrückt hätte, das man nicht losschnüren könnte.«

Es ist auffällig, daß Frau Kippenberg den Text so hoch einschätzt, daß sie ihn am liebsten mit einer

Arkandisziplin versehen und verschließen würde. Von der Authentizität des Vorgangs ist sie völlig überzeugt, sie weist aber auch darauf hin, daß man bei manchen Ereignissen, die in die Nähe mystischer Erfahrung gehen, höchstens noch bildhaft erzählend und vorsichtig verdeutlichend den Vorgang anderen vermitteln kann. – Rilke antwortet am 10. August:

»Hätte ich volle Laden, so würde ich mich vielleicht noch nicht von dieser Aufzeichnung getrennt haben; ist sie doch, in einem gewissen Sinne, die intimste, die ich je aufgeschrieben habe –, andererseits aber wieder kann man sich den Schutz gar nicht groß genug vorstellen, darin das Innerste geborgen bleibt, wenn es einmal in seine unbedingteste Gestaltung eingegangen ist.«

Rilke ist sich sicher, daß er seine intime Erfahrung nicht preisgibt, sondern ihr eine solche Form gegeben hat, daß sie sich dem, der ›innere Augen und Ohren‹ hat, erschließt. Man denkt an die Aufzeichnung von Novalis: »Jedes wahre Geheimnis muß die Profanen von selbst ausschließen. Wer es versteht, ist von selbst, mit Recht, Eingeweihter.« Wie wichtig Rilke diese Aufzeichnung war, erhellt sich auch dadurch, daß er in seinen Briefen häufig darauf zurückkommt. Im Januar 1919 schreibt er Lou Andreas-Salomé:

»Und ob uns diese heiteren Monde auch die reinste Welt-Sonne widerscheinen, es war doch vielleicht ihre immer abgekehrte Seite, durch die wir mit dem unendlichen Lebens-Raum dahinter in Beziehung standen.«

Wir dürfen uns nicht mit der Hälfte des Weltganzen zufrieden geben, es gibt eine uns abgekehrte Dimension, die uns manchmal durch einen Spalt zugänglich wird. Und wenn Rilke einmal dieser ›Ganzheitsblick‹ gewährt wurde, dann hat er auch gleichsam den Auftrag, davon Mitteilung zu machen, vielleicht wird dadurch auch anderen der Blick geöffnet. Er fühlt sich berufen, den anderen »einzelnes aus seinem Umgang mit der Natur mitzutheilen, Dinge, die sie versäumten oder nur nebenbei in Betracht nahmen«.

In den Jahren des ersten Weltkrieges hatte Rilke viele seiner Freunde verloren, vielleicht hat das dazu beigetragen, intensiver über den Zusammenhang von Leben und Tod nachzudenken. Und er hat seinen Text wohl auch als Trostwort für die Verwandten und Gefallenen verstanden. So schrieb er am 14. Januar 1919 an Adelheid von der Marwitz, deren Bruder nicht aus dem Krieg heimgekehrt war: »Der an den Baum Gelehnte wurde gewissermaßen zur lauter ansagenden Waage-Zunge zwischen den beiden Waagschalen von Leben und Tod – ein Bild, das ich nicht gebrauchen kann, ohne mich zu erinnern, wie einmal Romain Rolland mir ein kleines Fragment (wie er versicherte): antikischer Musik vorspielte, das nichts anderes als eine Grabschrift in Noten war: eh ich damals wußte, was mit dieser Musik gemeint sei, schilderte ich ihm, sie gebe mir das Empfinden von der Bewegung zweier leise gegeneinander sich auswiegender Waagschalen... Aber das eigentümliche, schwer zu beschreibende ›Erlebnis‹ des in den Baum Eingelehnten bedeutet mir noch – ich möchte fast sagen – die natürliche Einweihung in einen noch tiefer und unsichtbarer begriffenen Ausgleich, für den das Bild der Waage nicht mehr benötigt würde. Dieses leichte Dastehen eines Menschen, eines Lebenden, auf der Seite des Todes, ist wie der Zauber in jenem griechischen Gedicht, da zwei Liebende die Kleider tauschen und nun verwirrt und verwechselt, jeder in der Hülle und Wärme des anderen sich umarmen.«

Das »Erlebnis« klingt so lange nach, daß Rilke im Nachhinein den Eindruck hat, es müsse die Dignität einer Initiation gehabt haben. Von spiritistischen Seancen hat Rilke nicht viel gehalten, aber dieses Widerfahrnis hatte eine andere Qualität: er hatte nicht versucht, in Geheimnisbereiche einzudringen, er war nicht von der Neugierde getrieben, ihm war vielmehr – gleichsam gnadenhaft – der Vorhang vor einem Mysterium weggezogen worden.

Wenn Rilke an einem geschichtsträchtigen Ort wohnte, dann ging er nicht nur mit den dort Lebenden um, er war immer auch mit denen vertraut, die früher einmal hier gelebt hatten, aber längst verstorben waren. In Duino waren es die Schwestern der Fürstin, Raymondine und Polyxène, die ganz jung gestorben waren, und ihm doch so nahe standen, daß er sich mit ihnen beschäftigen mußte. Der Fürstin erzählte Rilke, »daß er trotz der großen Stille und durch nichts gestörten Ruhe niemals das Gefühl gehabt habe, wirklich allein zu sein.« Und Marie von Thurn und Taxis versuchte einzufangen, was ihr ›Freund‹ ihr nach dem Erlebnis mitgeteilt hatte. »Ihm war, als stünde er in einem anderen Leben, in einer längst vergangenen Zeit – alles was je hier gelebt, geliebt und gelitten hatte, kam zu ihm, umgab und bestürmte ihn, wollte von neuem in ihm aufleben, von neuem lieben und leiden. Da war keine ›Zeit‹ mehr, kein Unterschied zwischen dem wiedergekehrten Einst und dem gestaltlos-düsteren Jetzt.« Und dann verrät die Fürstin noch ein aufschlußreiches Detail: »Er hatte sich nie getraut, an diese versteckte Stelle zurückzukehren und den Baum auch nur zu berühren. ›Ich wußte nicht, ob ich dann zurückkehren würde‹, sagte er leise.«

Im gleichen Frühjahr 1912 schrieb Rilke übrigens ein Gedicht mit dem Titel »Erscheinung«. Auch hier muß es um die Nähe der Totenwelt gehen, das Auftauchen einer Gestalt der Vergangenheit. Die Schlußzeilen lauten:

Horch, in der Luft, wie es steht,
verfallen oder nicht fertig. Du,
hörst du's mit mir, du –
oder beschäftigt auch jetzt dich die andre
Seite der Stimme, die sich uns abkehrt?
....

Es geht wieder um die »beiden Seiten«, die zugekehrte und die abgekehrte, die aber zusammengehören und aufeinander bezogen sind. Man müßte zusätzliche Augen und Ohren besitzen, um Signale von jenseits der Grenze wahrnehmen zu können (»Ich bin allein im Gehör mit mir, mit dem Wind«).

Und wenn die letzte Zeile nur aus Punkten besteht, dann wird damit wohl angedeutet, daß hier die Grenze dessen erreicht ist, was sich in Worten ausdrücken läßt.

Es ging Rilke nicht um Geisterbeschwörungen oder gar Jenseitsreisen. Ihm wurde aber etwas anderes aufgeschlossen: Die Grenzzone zwischen unserem Lebensbereich und den Gefilden des Todes ist nicht völlig versperrt. Es gibt geheime Verbindungen, die uns ahnen lassen, wie sehr beide Bereiche sich zu einem größeren Gesamt fügen. Wenn Rilke sich selbst kennzeichnet als einer, der »abwesend hier und an-wesend im Ganzen« ist, dann will er wohl betonen, daß er sich nicht mit der Verkürzung des Daseins abfinden kann. Deshalb wird er immer wieder auf diesen Brückenschlag und die große Klammer aufmerksam machen. Zehn Jahre nach dem Erlebnis in Duino hat Rilke in den »Sonetten an Orpheus« ausführlicher über diese große Verbundenheit der Bereiche von Leben und Tod Zeugnis abgelegt und in der Gestalt des Orpheus auch eine mythische Figur imaginiert, die für die Ganzheit des Daseins einsteht.

Die Erfahrung der Einheit von Leben und Tod ist tödlich, weil sie nur in einem Opfer erfahren und verwirklicht werden kann. Aber dieser Tod scheint auch wieder der wahre Zugang zu sein zum wahren Leben.

Singe die Gärten, mein Herz, die du nicht
kennst; wie in Glas
eingegossene Gärten, klar, unerreichbar.
Wasser und Rosen von Ispahan oder Schiras,
singe sie selig, preise sie, keinem vergleichbar.

Zeige, mein Herz, daß du sie niemals entbehrst.
Daß sie dich meinen, ihre reifenden Feigen.
Daß du mit ihren, zwischen den blühenden
Zweigen
wie zum Gesicht gesteigerten Lüften verkehrst.

Meide den Irrtum, daß es Entbehrungen gebe
für den geschehnen Entschluß, diesen: zu sein!
Seidener Faden, kamst du hinein ins Gewebe,

Welchem der Bilder du auch im Innern geeint
bist
(sei es selbst ein Moment aus dem Leben der
Pein),
fühl, daß der ganze, der rühmliche Teppich
gemeint ist.

Sonette an Orpheus (II/XXI).

XIII Leben und Tod – die Pole des Daseins

Was wir gewöhnlich sorgsam auseinanderhalten: Leben und Tod, Schmerz und Glückseligkeit, das Offene und das Verborgene, das will Rilke deutlicher aufeinander beziehen, er will ihre innere Verbundenheit herausstellen. Unsere ganze Wirklichkeit ist auf Polarität angelegt und wenn diese bipolare Spannung nicht mehr gesehen wird, dann wird das Dasein unverstehbar, es verarmt und verödet. Es gehört zu Rilkes immer wieder betonten Anliegen, die versteckten oder verdrängten Kehrseiten unserer Welterfahrung wieder ins Bewußtsein zu heben. Weil es uns aber so schwer fällt, ›das Ganze‹ wahrzunehmen und die verborgenen Schichten der Wirklichkeit in unser Denken einzubeziehen, stehen bei ihm die Engel für die Instanz, die unsere Grenzen nicht kennen. – In der ersten Duineser Elegie hat Rilke versucht, diese Andersartigkeit der Engel zu beschreiben:

Freilich ist es seltsam, die Erde nicht mehr zu bewohnen,
kaum erlernte Gebräuche nicht mehr zu üben,
Rosen, und andern eigens versprechenden Dingen

nicht die Bedeutung menschlicher Zukunft zu
geben;
das, was man war in unendlich ängstlichen
Händen,
nicht mehr zu sein, und selbst den eigenen Namen
wegzulassen wie ein zerbrochenes Spielzeug.
Seltsam, die Wünsche nicht weiterzuwünschen.
Seltsam,
alles, was sich bezog, so lose im Raume
flattern zu sehen. Und das Totsein ist mühsam
und voller Nachholn, daß man allmählich ein
wenig
Ewigkeit spürt. – Aber Lebendige machen
alle den Fehler, daß sie zu stark unterscheiden.
Engel (sagt man) wüßten oft nicht, ob sie unter
Lebenden gehn oder Toten. Die ewige Strömung
reißt durch beide Bereiche alle Alter
immer mit sich und übertönt sie in beiden.

Was die Wirklichkeit des Todes angeht, sind wir einäugig, die abgewandte Seite der Welt ist uns verborgen, wir müssen sie aber als eine Realität anerkennen. – Auf seiner Spanienreise beschäftigte sich Rilke intensiv mit der Bildwelt el Grecos. Seiner Auffassung nach hat Greco den Versuch gemacht, »ein Himmelsinneres einzuführen, gleichsam oben himmlische Spiegelbilder dieser Welt zu entdecken ... Der Engel ist bei ihm nicht mehr anthropomorph wie das Thier in der Fabel, auch nicht das ornamentale Geheimniszeichen des byzantinischen Gottesstaates. Sein Wesen ist fließender, er ist der Fluß, der durch beide Reiche geht, ja, was das Wasser auf Erden und in der Atmosphäre ist, das ist der Engel in dem größeren Umkreis des Geistes, Bach, Thau, Tränke, Fontäne des seelischen Daseins, Niederschlag und Aufstieg.«

So notiert es sich Rilke in sein Taschenbuch am 14. Januar 1913. Hier kündigt sich schon an, daß es eine geheime Verwandtschaft gibt zwischen dem Engel (etwa der Elegien) und der Orpheusgestalt in den Sonetten, von Orpheus wird ja auch gesagt:

Ist er ein Hiesiger? Nein, aus beiden
Reichen erwuchs seine weite Natur. (I/VI)

Das Wasser findet sich in unterschiedlichen Aggregatzuständen, es hat fließenden Charakter, kann als Regen und als Wasser der Tiefe, als durchdringendes und bewegendes Element wahrgenommen werden. Vielleicht müssen uns die Engel die Augen öffnen, damit uns ein vorläufiges Verständnis für die innere Verbundenheit von Leben und Tod eröffnet wird. Am 31. Dezember 1913 schreibt Rilke an die Fürstin:

»Was ist Leben und Tod ungeheuer, wenn man nicht beides in Einem sieht und fast nicht unterscheidet. Aber das ist ja eben die Sache der Engel, das zu thun, nicht unsere, oder doch unsrig nur ausnahmsweise, für langsam erschmerzte Augenblicke.«

Wie soll man aber nun diese innere Verwobenheit der Lebenswelt und der Todeswelt begreifen? Einem Medizinstudenten, Max Nussbaum, hat er einen Vierzeiler gewidmet (am 13. Dezember 1922), in dem er ihm eine Richtung andeutet:

Leben und Tod: sie sind im Kerne Eins.
Wer sich begreift aus seinem eignen Stamme,
der preßt sich selber zu dem Tropfen Weins
und wirft sich selber in die reinste Flamme.

Wir gehen durch Verwandlungen. Und das, was sich in unserem Leben ereignet, haben wir in den Tod einzubringen. Erwartet wird offenbar, daß wir die Trauben unseres irdischen Daseins in den Wein des Endgültigen keltern, daß wir uns dem Wandlungsfeuer nicht entziehen, sondern uns dem Reinigungsfeuer aussetzen. Diese Betrachtung der Todeswirklichkeit, die zu unserem Leben dazugehört, hat Rilke in seinen letzten Lebensjahren immer wieder bewegt. Vor allem in seinen Briefen an die Gräfin Sizzo führte er diese Gedankengänge aus. Am Dreikönigstag 1923 schrieb er ihr:

»Ich werf es allen modernen Religionen vor, daß sie ihren Gläubigen Tröstungen und Beschönigungen des Todes geliefert haben, statt ihnen Mittel ins Gemüt zu geben, sich mit ihm zu vertragen und zu verständigen. Mit ihm, mit seiner völligen, unmaskierten Grausamkeit: diese Grausamkeit ist so ungeheuer, daß sich gerade bei ihr der Kreis schließt:

sie rührt schon wieder an das Extrem einer Milde, die so groß, so rein und so vollkommen *klar* ist (aller Trost ist trübe!), wie wir nie, auch nicht im süßesten Frühlingstag, Mildigkeit geahnt haben.«

Wenn Rilke den ›modernen Religionen‹ Unaufrichtigkeit vorwirft, schnellen und fragwürdigen Trost, welche religiösen Traditionen hält er dann für glaubwürdiger und ehrlicher? Es sind die alten Riten der antiken Völker und Kulturen, die in der Initiation die jungen Menschen auch mit dem Tod vertraut gemacht haben.

»Nichts, ich bin sicher, war je der Inhalt der ›Einweihungen‹, als eben die Mitteilung eines ›Schlüssels‹, der erlaubte, das Wort ›Tod‹ *ohne* Negation zu lesen; wie der Mond, so hat gewiß das Leben eine uns dauernd abgewendete Seite, die *nicht* sein Gegen-Teil ist, sondern seine Ergänzung zur Vollkommenheit, zur Vollzähligkeit, zu der wirklichen heilen und vollen Sphäre und Kugel des *Seins*.«

Das hat natürlich Konsequenzen, man fragt sich bei diesen Darlegungen, ob wir das Leben relativieren und den Tod lieben sollen. Davon will Rilke nichts wissen, im Gegenteil: das Leben bekommt eine andere Dignität, wenn es in das größere Ganze eingeordnet wird.

»Ich will nicht sagen, daß man den Tod *lieben* soll; aber man soll das Leben so großmütig, so ohne Rechnen und Auswählen lieben, daß man unwillkürlich, ihn (des Lebens abgekehrte Hälfte) immerfort mit ein-bezieht, ihn mit-liebt.«

Leidenschaftlich tritt Rilke für ein ›Ja‹ zu dieser verschmolzenen Einheit von Leben und Tod ein. Es hat keinen Sinn, den Tod aus dem Leben auszublenden und den Blick einfach wegzuwenden. Die ›Anfreundung‹ mit dem Tod ist dann vielleicht eine der großen Aufgaben, die uns bevorstehen.

»Unser effort, mein ich, kann *nur* dahin gehen, die *Einheit* von Leben und Tod vorauszusetzen, damit sie sich uns nach und nach erweise. Voreingenommen, wie wir es *gegen* den Tod sind, kommen wir nicht dazu, ihn aus seinen Entstellungen zu lösen ... glauben Sie nur, liebe Gnädigste Gräfin, daß er ein *Freund* ist, unser tiefster, vielleicht der einzige durch unser Verhalten und Schwanken niemals, niemals beirrbare Freund (...), unser Freund, gerade *dann*, wenn wir dem Hier-Sein, dem Wirken, der Natur, der Liebe ... am leidenschaftlichsten, am erschüttertsten zustimmen. Das Leben sagt immer zugleich: Ja und Nein. Er, der Tod (ich beschwöre Sie, es zu glauben!), ist der eigentliche Ja-Sager. Er sagt nur: Ja. Vor der Ewigkeit.«

Es geht offenbar darum, neue Augen für die ambivalente Wirklichkeit zu bekommen. Wir sind es gewohnt, für das Leben Partei zu ergreifen und den Tod als den großen Zerstörer wahrzunehmen. Auch für Rilke ist der Gedanke an den Tod mit Schrekken verbunden, aber er bemüht sich darum (und fordert uns indirekt dazu auf, ihm zu folgen), dem Todesgedanken standzuhalten und die Neigung zu den Verdrängungen zu widerstehen, auch wenn wir dann mit Abgründen konfrontiert werden.

»Die Furchtbarkeit hat die Menschen erschreckt und entsetzt: aber wo ist ein Süßes und Herrliches, das nicht zu Zeiten *diese* Maske trüge, die des Furchtbaren? Das Leben selbst – und wir kennen nichts außer ihm – ist es nicht furchtbar? Aber sowie wir seine Furchtbarkeit zugeben (nicht als Widersacher, denn *wie* vermöchten wir ihr gewachsen zu sein?), sondern irgendwie in einem Vertrauen, daß eben diese Furchtbarkeit ein ganz *Unsriges* sei, nur ein, vor der Hand, für unsere lernenden Herzen noch zu Großes, zu Weites, zu Unumfaßliches (...). Wer nicht der Fürchterlichkeit des Lebens irgendwann, mit einem endgültigen Entschlusse, zustimmt, ja ihr zujubelt, der nimmt die unsäglichen Vollmächte unseres Daseins nie in Besitz, der geht am Rande hin, der wird, wenn einmal die Entscheidung fällt, weder ein Lebendiger noch ein Toter gewesen sein.«

Die Beseligung ist nicht ohne die Furchtbarkeit zu haben. Und wenn Rilke gerade die Gestalt des Orpheus zum Künder vieler seiner Ideen gewählt hat, dann sollte man daran denken: Orpheus stieg in die Totenwelt hinab, weil er sich nicht mit dem Tod abfinden wollte. Er konnte zwar seine Frau Eurydike nicht wieder in das Sonnenlicht zurückführen, aber er selbst ist nun der Kenner ›beider Welten‹, er weiß nun um die großen Zusammenhänge von Leben und Tod. Das neunte Sonett des ersten Teils der »Sonette an Orpheus« lautet:

Nur wer die Leier schon hob
auch unter Schatten,
darf das unendliche Lob
ahnend erstatten.

Nur wer mit Toten vom Mohn
aß, von dem ihren,
wird nicht den leisesten Ton
wieder verlieren.

Mag auch die Spieglung im Teich
oft uns verschwimmen:
Wisse das Bild.

Erst in dem Doppelbereich
werden die Stimmen
ewig und mild.

Uns ist der »Doppelbereich« noch nicht zugänglich. Aber auch zu unserer gegenwärtigen Existenz gehört es, daß wir nicht nur in der ›Wachwelt‹ leben, nicht nur ein Tagbewußtsein haben, sondern daß wir immer wieder in die Schlaftiefe sinken, uns die Nachtwelt zugänglich ist.

So haben wir auch die ›Todeshälfte‹ des Daseins ernst zu nehmen. Und weil uns weite Bereiche der Wirklichkeit, die Hintergründe und großen Zusammenhänge unbekannt sind, sollen wir wenigstens die Gärten, die wir noch nicht kennen, besingen, sollen wir den gesamten Teppich, in dem wir nur ein einzelner Faden zu sein scheinen, rühmen.

Eine solche Einstellung zur Wirklichkeit von Leben und Tod muß sich im Ernstfall auf ihre Tragfähigkeit und Glaubwürdigkeit erweisen. Wie hat Rilke auf den Tod und das Sterben reagiert, wenn Menschen seines Freundeskreises davon betroffen waren? Seine Aufzeichnungen und Briefe machen deutlich, wie sehr er unter den Schrecken und Verhehrungen des Weltkriegs gelitten hat und wie sehr es ihn traf, daß viele seiner jugendlichen Freunde gefallen sind. An Freifrau Heyl zu Herrnsheim, die Schwester des noch im Sommer 1918 umgekommenen Bernhard von der Marwitz, schrieb er am 20. September:

»Aber in so rein vorgenommener Konstellation kann auch der Tod, wenn er gleich alle uns faßliche Ausübung abschneidet, das Wesentliche nicht aufheben: in der Mitte meines Bewußtseins steht dauernd und wirksam eine Vertraulichkeit und ein Vertrauen, das unbeirrbar zu seinem jugendlichen Geiste, zu seiner Begeisterung bezogen bleibt; denn der Grund, gerade eines solchen Vertrauens, ist ja seiner Natur nach ein nicht nur hiesiger, ein immer schon in jenem Unabhängigen und Zeitlosen verwurzelter, darin uns alles wirklich Geliebte gesichert, ja immer noch grenzenloser erwerbbar ist.«

Rilke bleibt seiner Grundüberzeugung treu: auch der Tod zerreißt nicht die Verbindung zwischen den Menschen, es gibt das bleibende Geflecht zwischen dem Zeitlichen und dem Zeitübergreifenden, das ›Hiesige‹ ist umfaßt von einem größeren Ganzen, dem wir uns anvertrauen können. – Als ein Freund von ihm, Rudolf Burckhardt, schwer erkrankt war, schrieb er ihm am 14. April 1924:

»Uns allen, die wir an überlebenden bewunderten Dingen Geduld und Gefühl gelernt haben, geht es wohl so, daß die Fügungen mit mehr als nur Thatsächlichem oder Sichtbarem zu uns übergehen. Wie sollten wir nicht, wenn es darauf ankommt, in solchen Erfahrungen eine Hülfe finden und die verschwiegene Vermuthung, daß wir, denen das widerfährt, in einem größeren Ganzen aufgehoben sind, aus dem wir nicht können genommen werden. Ja: je mehr einer hier erkannt hat, desto mehr Abschiede wird er, das Leben entlang, haben leisten müssen; aber mir ist oft zu Muth, als ob diese Abschiede alle in einer offenen Welt wieder Bejahungen wären und dort anders hießen.«

Rilke wollte keinen ›Trostbrief‹ schreiben, zumal er von den üblichen Tröstungsversuchen wenig hielt. Er weist aber den Kranken darauf hin, daß wir in einer ›offenen Welt‹ stehen, er schreibt von ›Fügungen‹ und setzt ein ›größeres Ganzes‹ voraus, in dem sich jeder Einzelne vorfindet, so daß wir von einem Sinngefüge des Daseins ausgehen können. – Als der Kranke sich – dank der Ärzte – wieder erholte und gesund wurde, schrieb Rilke am 16. Mai 1924 an dessen Schwester Dory von der Mühll:

»Rudolph Burckhardts' langsames Wiederaufkommen, an das sich seine Freunde rasch gewöhnen, wird für ihn selber am unwahrscheinlichsten sein; obzwar wir ja, muß man bedenken, dem Tode immer gleich nahe sind, nur ohne fühlbare Wehr wider ihn; während die Natur, in solchen Momenten plötzlichen Allarms, alles gegen ihn aufbietet, so daß gerade dann, wenn sie sich mit allen Mitteln von ihm zu entfernen strebt, ein Verhältnis der Todesnähe sich herzustellen scheint. In Wirklichkeit sind wir ihm, durch die bloße Thatsache des Lebens, so nahe, daß wir ihm, unter keinen Umständen, uns noch enger annähern könnten.«

Es käme darauf an, ein vertrauliches Verhältnis zum Ganzen des Daseins zu finden, einverstanden zu sein mit den Geschenken unseres irdischen Lebens und ebenso vertraulich dem Tod zuzustimmen. Erst wenn wir die ›Hälften‹ nicht mehr zerteilen, werden wir des größeren Zusammenhangs bewußt. Etwas davon klingt in einem Brief an, den Rilke am 27. Dezember 1920 an Francine Brüstlein geschrieben hat:

»Was wir zuletzt erfahren (...), ist ein so vollkommenes, unerschütterliches, ja erhabenes *Eingelassensein ins Ganze*, daß jedes ihm Entgehen und Entgleiten nur eine leichte sinnliche Täuschung scheint, wie deren so viele jene vorläufige Wirklichkeit bilden, die wir erst nach und nach durch die eigentlichen Realitäten unserer größeren Verhältnisse ersetzen. Wie sollte, was ich da vertrete, nicht von allen Unsicherheiten und Bedrängnissen gelten, da es in einem höchsten Grade vom Tode gilt, ja dort eigentlich erst recht zu seinem reinsten und beständigsten Ausdruck kommt!«

Es ist auffällig, daß Rilke die persönlichsten Aussagen macht, wenn er sich von jungen Menschen befragt und gleichsam herausgefordert sieht. Behutsam, aber immer auf Ehrlichkeit und Ernsthaftigkeit bedacht, teilt er sich in solchen Briefen mit. Als er von Anita Forrer brieflich angefragt wird, was er denn von einem Glauben an ein Leben nach dem Tode halte, da antwortet er ihr geduldig und ausführlich. Aber es ist kein Katechismuswissen, das er ihr anbietet. An Nanny berichtet er über seinen Brief:

»Ach, Liebe, ich habe nicht mit augustinischen Bekenntnissen geantwortet, sondern ganz abwartend; immer sonderbarer muthet sich diese Ungeduld des Geistes an, die alles überspringt, um so fragen zu können. Dieses An-den-Rand-Laufen, wie naiv ist es, gerade so als dächte man, vom nächsten Bergrand aus in den Weltraum zu schauen. Wo doch unsere Blicke so beschäftigt worden sind! Wo doch Gott nichts thut, als uns immerfort aufzuhalten.«

Aber was schreibt er denn nun Anita im März 1920?

»Die Frage um ein ›Leben nach dem Tod‹ wird sinnlos, sobald wir zugeben müssen, daß, was wir unter dem Namen ›Leben‹ zusammenfassen, lediglich jetzige und hiesige Erscheinungen sind, an diese Hiesigkeit und unsere sie aufnehmenden Sinne in dem Maaße gebunden, daß wir für jedes ›andere‹ Leben auch gleich eine völlig andere Bezeichnung finden müßten. Diese Bezeichnung ist ohneweiteres mit dem Begriffe ›Tod‹ gegeben, unter dem wir, ohne Zudringlichkeit und Neugierde, alles das vermuthen dürfen, was außerhalb unseres irdischen Daseins liegt.«

Auch hier wird wieder spürbar, daß Rilke dem ›Tod‹ eine neue, eine positive Bedeutung zumessen möchte. Es geht nicht einfach um das Aufhören und die Beendigung des Daseins, sondern um die Grenzerfahrung: bis hierher haben wir Kategorien, die uns ein Beschreiben ermöglichen, ab hier setzt ein Bereich ein, der sich unseren sprachlichen Möglichkeiten entzieht. Er führt dann weiter aus:

»Meine Neigung ging immer dahin, ihn (den Tod) zur Mitte des Lebens zu machen, als ob wir recht eigentlich in ihm geborgen und aufgehoben wären als in der großartigsten und tiefsten Vertraulichkeit. Ich kann nicht sagen, daß je irgend ein Ereignis diese Vermuthung in mir bestritten hätte; aber ich habe mir andererseits auch immer verwehrt, mir dieses Im-Tode-sein irgendwie auszumalen, alle vorhandenen Beschreibungen eines ›Jenseits‹ haben mich immer durchaus gleichgültig gefunden.«

Leben wir in einer rätselhaften Welt, die wir nicht verstehen, weil sie gar nicht verstehbar ist? Bleibt uns das Leben unverständlich, weil uns der Tod nun einmal nicht zugänglich ist? Rilke rät dazu, nicht zu resignieren, sondern davon auszugehen, daß wir mit einem Geheimnis konfrontiert sind, das Geheimnis bleiben will.

»Das Geheimnis (ich meine immer es giebt nur *eines*, aus dem Tod und Leben in unerschöpflichen Verwandlungen hervorgehen) ist sicher unabhängig von dem Geheimthun aller solcher Erdenkungen; denn das Geheimnis ist geheim, seinem Wesen nach, nicht aber weil es versteckt wäre. So kann es auch gar nicht aufgedeckt und überrascht werden –: es sieht uns beständig an und hundert Mal am Tage ruht unser Blick in seinem, nach anderen Maaßen schauenden Auge …«

Beeindruckt war Rilke vor allem dann, wenn er von Menschen hörte, die schauend und zuversichtlich in den Tod gegangen waren, ohne einer panischen Angst zu verfallen oder sich in illusionäre Vorstellungen zu flüchten. Am 12. April 1923 schrieb er an Gräfin Sizzo vom Sterben Gerhard Ouckama Knoops, das ihm geradezu Modellcharakter zu haben schien:

»Seine letzten Jahre müssen voll großartiger Einsichten und Hellheiten gewesen sein –, und sein Sterben, vielleicht begünstigt durch die besonderen Zustände seines Herzens, war eine restlose Lösung des Hiesigen in einer unbeschreiblichen Klärung seines Geistes …, er starb *wissend*, gewissermaßen überflutet von Einsichten ins Ewige, und sein letzter Atem wurde ihm zugeweht von den, durch ihn erregten Flügeln der Engel.«

Nur drei Jahre später mußte Rilke am eigenen Leibe erfahren, was sterben heißt. Daß er auch diese Probe bestanden hat, wird spürbar, wenn man seine letzten Verse liest, die er etwa um die Mitte des Dezember 1926 – 2 Wochen vor seinem Tod – geschrieben hat:

»Komm du, du letzter, den ich anerkenne,
heilloser Schmerz im leiblichen Geweb:
wie ich im Geiste brannte, sieh, ich brenne
in dir; das Holz hat lange widerstrebt,
der Flamme, die du loderst, zuzustimmen,
nun aber nähr' ich dich und brenn in dir.«

XIV Engel der Dankbarkeit

In einer Zeit, in der sich die Menschen angewöhnt haben, alles zu fordern und einzuklagen, was sie für notwendig halten, muß das Gefühl und die Haltung der Dankbarkeit verkümmern. Es scheint sich dann von selbst zu verstehen, daß nicht nur das Lebensnotwendige, sondern auch eine Fülle von luxuriösen Zutaten zum Dasein gehören. Rainer Maria Rilke war da ganz anders veranlagt. Bei ihm spielt die staunende Beobachtung der Vorgänge des alltäglichen Lebens eine große Rolle. Wie könnte man die Vorstellung haben, das Überschüttetwerden mit Gaben verstünde sich von selbst? Am schönsten hat er diese elementare Dankbarkeit in einem Gedicht ausgedrückt, das er am Tag nach seinem 50. Geburtstag geschrieben hat:

Alles ist Überfluß. Denn genug
war es schon damals, als uns die Kindheit bestürzte
mit unendlichem Dasein. Damals schon
war es zuviel. Wie könnten wir jemals Verkürzte
oder Betrogene sein: wir mit jeglichem Lohn
längst Überbelohnten …
….

Diese Verse sind ein wunderbares Beispiel für die freudige Hinnahme des gewährten Schicksals, das uns beschenkt, auch wenn wir es nicht ›verdient‹ haben. Nur wer sich noch überraschen läßt und mit Staunen zur Kenntnis nimmt, welche Fülle von ›Geschenken‹ jeden Tag auf uns zukommt, kann sich in einen Geist der Dankbarkeit einüben. Vielleicht ist es unsere Unaufmerksamkeit, die unsere Augen blendet, daß wir die ununterbrochenen Angebote gar nicht wahrnehmen. An Katharina Kippenberg schrieb Rilke am 18. April 1923 aus Sierre:

»Wir sind, vielleicht seit Kindheit schon, im Überschuß, ein für alle Male, die, die mehr als alles bekommen haben. Und was nun noch hinzukommt, ist Gnade, Gnade, Gnade ... Und plötzlich, oft wenn man sich noch im Schlimmen meint, ausgeliefert, eine Windstille des Herzens: was kam wieder hinzu!«

Die Bemühung um eine größere innere Wachheit durchzieht das Leben Rilkes. Es gehört zu den wirklich gravierenden ›Sünden‹, unaufmerksam zu sein. Dann sind die Augen geblendet, der Geist abgelenkt, die Wahrnehmung blockiert. Ein Sonett, im Februar 1922 entstanden, ruft zu einer besonderen Sensibilität auf:

Wann war ein Mensch je so wach
wie der Morgen von heut?
Nicht nur Blume und Bach,
auch das Dach ist erfreut.

Selbst sein alternder Rand,
von den Himmeln erhellt, –
wird fühlend: ist Land,
ist Antwort, ist Welt.

Alles atmet und dankt.
O ihr Nöte der Nacht,
wie ihr spurlos versankt.

Aus Scharen von Licht
war ihr Dunkel gemacht,
das sich rein widerspricht.

Mit dieser Aufgabe, fühlender und aufnahmebereiter zu werden, kommt man im Leben nie an ein Ende, es steht immer noch etwas aus, es sind weitere Nuancen zu entdecken. In dieser Haltung der dankbaren Offenheit kommt eine ganz elementare Frömmigkeit zum Vorschein, eine Frömmigkeit jenseits aller ausformulierten Glaubensbekenntnisse. Das Gefühl, beschenkt zu werden und immer neue Gaben zu empfangen, muß ein Echo heraufrufen. An wen richtet sich diese Dankbarkeit? In einem 1906 in Paris entstandenen Gedicht ist es der Engel, »der um dich ist seitdem du hier erschienst«, und von dem gesagt wird, er sei »beschäftigt, dir dein Leben hinzureichen«. Er wird als die Kraftquelle verstanden, als inspirierende Energie, als Ermöglicher eines volleren Lebens. Und weil der Mensch noch gar nicht zu sich selbst gekommen ist und seine bisherige Existenz immer wieder überschreiten muß auf ein Ziel hin, das er noch gar nicht genau kennt, deshalb muß ihm der Engel neue Räume öffnen und muß ihn in einen kommenden Bereich locken.

Wer weiß denn was wir werden? Daß wir sind,
ist ein Gerücht an das wir wieder glauben
sooft wir fühlen: einmal war ich Kind.
Doch schon das Nächste kommt zu groß und rinnt
durch uns wie Wind im Herbst durch leere Lauben.

Den Sturm der Dankbarkeit kann man sich gar nicht groß genug vorstellen, von dem Rilke im Februar 1922 erfaßt war, als er seine Duineser Elegien beenden durfte. Er hatte die Hoffnung schon fast aufgegeben, das Bruchstück gebliebene große Werk abschließen zu können, zumal ihm dies im »Winter von Berg« nicht gelungen war. Nun war es ihm gewährt worden und der Jubel schlug sich in vielen Briefen nieder. An seinen Verleger Anton Kippenberg schrieb er:

»Lieber Freund, jetzt erst werd ich atmen und, gefaßt, an Handliches gehen. Denn dieses war überlebensgroß –, ich habe gestöhnt in diesen Tagen und Nächten, wie damals in Duino, – aber, selbst nach jenem Ringen dort –, ich habe nicht gewußt, daß ein solcher Sturm aus Geist und Herz über einen kommen kann! Daß mans übersteht? daß mans übersteht.

Genug, es ist da.

Ich bin hinaus gegangen, in den kalten Mondschein und habe das kleine Muzot gestreichelt wie ein großes Tier –, die alten Mauern, die mirs gewährt haben.«

Und die Fürstin von Thurn und Taxis bekommt einen nicht minder feurigen Dankbrief, sie war ja der fürsorgliche Geist, sie hatte Rilke durch die Einladung ins Schloß Duino 1912 den ersten Elegiensturm möglich gemacht:

»Endlich,
Fürstin,
endlich, der gesegnete, wie gesegnete Tag, da ich
Ihnen den Abschluß –
soweit ich sehe – der
Elegien
anzeigen kann:
Zehn! (…)

Alles in ein paar Tagen, es war ein namenloser Sturm, ein Orkan im Geist (wie damals auf Duino), alles, was Faser in mir ist und Geweb, hat gekracht, – an Essen war nie zu denken, Gott weiß, wer mich genährt hat.

Aber nun *ists*. Ist.
Amen.

Ich hab also dazu hin überstanden, durch alles hindurch. Durch Alles. Und das wars ja, was not tat. *Nur* dies.«

Das Gefühl unendlicher Dankbarkeit hat Rilke nicht mehr verlassen. Selbst in den Tagen der Krankheit vergaß er nicht die Gnade, seine große Dichtung zum Abschluß gebracht zu haben. Und er glaubte sogar, daß sein Beispiel, ein Werk nach so langer und belastender Unterbrechung noch beenden zu können, für andere eine Stärkung und Ermutigung sein könnte. Am 18. Dezember 1925 (ein Jahr vor seinem Tod) schrieb er an Arthur Fischer-Colbrie:

»Daß ein Mensch, der sich durch das heillose Zusetzen jener Jahre bis in seinen Grund zerspalten gefühlt hatte, in ein Früher und ein damit unvereinliches absterbendes Jetzt: daß ein solcher Mensch die Gnade erfährt, wahrzunehmen, wie in noch geheimerer Tiefe, *unter* diesem aufgerissenen Spalt, die Kontinuität seiner Arbeit und seines Gemüts sich wiederherstellte ..., scheint mir mehr als nur ein privates Ereignis zu sein; denn es ist damit ein Maß gegeben für die unerschöpfliche Schichtung unserer Natur, und wie viele, die aus dem einen oder anderen Grunde sich zerrissen glauben, dürften aus diesem Beispiel der Fortsetzbarkeit eine eigentümliche Tröstung ziehen.«

Die »großen Engels-Gedichte«, wie Rilke – Gudi Nölke gegenüber – die Elegien nennt, waren geschrieben. Das, was von ihm verlangt und erwartet war, hatte er geschaffen. Nun konnte kommen, was wollte.

XV Das große Schicksalsspiel

Ist der menschliche Lebenslauf nur ein kleines privates Schicksal, das sich irgendwo in einem Winkel der Erde ereignet? Wer es recht erkennt, der findet sich in ein großes Geschehen verstrickt, ein kompliziertes Drama geht vor sich – und wir sind Mitspieler darin. Wer hat das Schauspiel inszeniert, wer weiß das Stichwort, wer den Text? Auch wenn wir auf diese Fragen keine Antwort wissen, sind wir aufgefordert, uns an dem Spiel zu beteiligen. Im November 1923 schrieb Rilke in ein für Max Picard bestimmtes Exemplar der Duineser Elegien ein Gedicht, in dem es heißt:

Ballspiel für Götter. Spiegelspiel, in dem
vielleicht drei Bälle, vielleicht neun sich kreuzen,
und keiner jemals, seit sich Welt besann,
fiel je daneben …

Es ist ein kompliziertes Geflecht, in dem wir uns vorfinden, alles hängt mit allem zusammen, wirkt aufeinander, Einflüsse und Abhängigkeiten gehen hierhin und dorthin, und wenn wir auch das Drehbuch nicht kennen, dem Spiel können wir nicht entfliehen. Ja, es ist unsere Berufung, des Spiels würdig zu werden.

In einem der geheimnisvollsten Gedichte Rilkes, das er in Muzot am 31. Januar 1922 geschrieben hat (er widmete es Nanny Wunderly Volkart), beschreibt er das schicksalhafte Spiel:

Solang du Selbstgeworfnes fängst, ist alles
Geschicklichkeit und läßlicher Gewinn –;
erst wenn du plötzlich Fänger wirst des Balles,
den eine ewige Mit-Spielerin
dir zuwarf, deiner Mitte, in genau
gekonntem Schwung, in einem jener Bögen
aus Gottes großem Brücken-Bau:
erst dann ist Fangen-Können ein Vermögen, –
nicht deines, einer Welt. Und wenn du gar
zurückzuwerfen Kraft und Mut besäßest,
nein, wunderbarer: Mut und Kraft vergäßest
und schon geworfen hättest … (wie das Jahr
die Vögel wirft, die Wandervogelschwärme,
die eine ältre einer jungen Wärme
hinüberschleudert über Meere –) erst
in diesem Wagnis spielst du gültig mit.
Erleichterst dir den Wurf nicht mehr; erschwerst
dir ihn nicht mehr. Aus deinen Händen tritt
das Meteor und rast in seine Räume …

Der Einsatz dieses Spiels, in das wir verwickelt sind, ist hoch, es geht um unser Dasein, um den Sinn unserer Existenz. – Wer ist es, der uns zum Spiel lädt? Rilke spricht von der »ewigen Mit-Spielerin«, einem geheimnisvollen Gegenüber, einer Repräsentantin der großen Weltordnung. Man könnte an die Gestalt der »Weisheit« in den alttestamentlichen Büchern denken, an die Sophia, die schon am Anfang, bevor die Schöpfung begann, vor Gott spielte und den Bauplan des Kosmos entwarf. Sie wirft uns die Bälle zu und fordert uns heraus, ins Spiel einzutreten. Was wäre das auch für ein armseliges Spiel, wenn jeder Mensch nur mit sich selbst spielte, im Bannkreis der eigenen Intentionen bliebe. Es ist ein größeres Spiel, von einem unbegreiflichen »Drüben« kommen die Würfe. Und nun ist ein großer Bezug hergestellt, zwischen dem Hier und dem Droben, zwischen unserem kleinen Leben und dem geheimnisvollen Ganzen. Nun kann die Brücke gebaut werden, wird die Leiter sichtbar zwischen Himmel und Erde, zwischen Gott und Mensch.

In einer wunderbaren Steigerung kennzeichnet Rilke in seinem Gedicht die ›Wachstumsstufen‹ des allmählich erwachenden Menschen. Zunächst spielt er nur mit sich selbst, bekommt dabei eine gewisse Geschicklichkeit, die ihn aber nicht über sich hinaus führt. – Dann plötzlich weiß er sich von der größeren Wirklichkeit angespielt, in den entscheidenden Dialog hineingenommen. Aber es geht nicht nur um das Fangenkönnen, das Aufnehmen der zugeworfenen Bälle, das Zurückwerfen muß eingeübt werden, die Beantwortung des Anrufs. Erst wenn wir in der Lage sind, uns einzulassen in den Austausch von Nehmen und Geben, kommt das zum Vorschein, was als Potential uns mitgegeben wurde, was Gestalt gewinnen soll. Aber auch dabei bleibt der Dichter nicht stehen: Der Wurf soll uns schon gelungen sein, das Zusammenspiel soll schon Wirklichkeit geworden sein. Und es kommt nicht darauf an, ob es schwer oder leicht war, ob wir darunter gelitten haben oder ob wir das Spiel jubelnd vollzogen: wir sind in eine größere Einheit hineingenommen, was wir tun, auch wenn es unscheinbar scheint, hat Anteil am kosmischen Ganzen, es wirkt bis in die fernsten Galaxien.

Rilke greift das Bild der Vogelschwärme auf, die von Nord nach Süd geworfen werden und vom Süden in den Norden. Immer wieder ereignet sich das Wechselspiel, weil alles im Zusammenhang steht und zum großen Ausgleich führt. Und bei den Planetenbahnen erleben wir ebenfalls die großen Umschwünge, die Ausdruck unseres Verlangens nach der Zuordnung zu den kosmischen Weiten werden. Im Juli 1912 entstand in Venedig ein Gedichtentwurf, der mit den Zeilen beginnt:

O die Kurven meiner Sehnsucht durch das Weltall,
und auf jedem Streifen: meines Wesens
hingeschleudert. Manches nicht vor tausend
Jahren auf der wehn Ellipse seines
Schwunges wiederkommend und vorüber.

Zum Wesen des Menschen gehört die Polarität, die Angewiesenheit seines Pols auf einen anderen Pol. Das ›Unten‹ wartet auf das ›Oben‹, das ›Außen‹

auf das ›Innen‹. Nichts kann einfach für sich bleiben, wenn sich sein dynamischer Kern entfalten soll. »Die Spiele des Alls sind unendliche«, heißt es in einem Entwurf vom August 1914. – Und die Polarität findet sich auch in uns selbst, auch da gibt es die Hemisphären, die in einer fruchtbaren Spannung zueinander stehen und sich brauchen. In Paris des Sommers 1925 notiert sich Rilke ein Gedicht, in dem es heißt:

Innres, was ists?
Wenn nicht gesteigerter Himmel
durchworfen mit Vögeln und tief
von Winden der Heimkehr.

Wolle die Wandlung. O sei für die Flamme
begeistert,
drin sich ein Ding dir entzieht, das mit Ver-
wandlungen prunkt;
jener entwerfende Geist, welcher das Irdische
meistert,
liebt in dem Schwung der Figur nichts wie den
wendenden Punkt.

Wer sich ins Bleiben verschließt, schon ists
das Erstarrte;
wähnt es sich sicher im Schutz des unscheinba-
ren Grau's?
Warte, ein Härtestes warnt aus der Ferne das
Harte.
Wehe–: abwesender Hammer holt aus!

Wer sich als Quelle ergießt, den erkennt die
Erkennung;
und sie führt ihn entzückt durch das heiter
Geschaffne,
das mit Anfang oft schließt und mit Ende
beginnt.

Jeder glückliche Raum ist Kind oder Enkel der
Trennung,
den sie staunend durchgehn. Und die verwandelte
Daphne
will, seit sie Lorbeern fühlt, daß du dich wandelst
in Wind.

Sonette an Orpheus (II/XII).

XVI Geheimnis der Verwandlung

Die Welt, in der wir leben, ist kein statisches Gebilde, sondern ein wogendes Gebräu aus unvorstellbaren Kräften, einer Dynamik, die zu einer dauernden Veränderung führt. Wohl mag es verläßliche Gesetze geben, die beobachtet werden können, aber das Entstehen und Zerfallen der Formen bestimmt unser Dasein. Und wir Menschen, die wir inmitten dieser sich wandelnden Welt stehen, sind ebenfalls von diesem Prozeß des Gestaltwandels bestimmt. Die Frage taucht auf, ob sich alles nur einfach verändert, oder ob es auch eine Verwandlung auf eine höhere Ebene gibt. Ist die Geschichte nur ein Baukastenspiel mit den immer gleichen Elementen, die sich nur jeweils anders zueinander fügen; oder kann durch eine wahre Wandlung ein anderes Bewußtsein gewonnen werden?

Rilke sah sich selbst – nicht als Techniker, als Philosoph oder gar Missionar, sondern als denkender Poet – vor diese Aufgabe gesetzt. Er wollte dazu beitragen, durch das ihm zugeordnete Instrument des Wortes ein neues Verständnis des Daseins zu gewinnen. – Am 19. August 1909 schrieb Rilke an Jakob Baron Uexküll, man dürfe die Kunst nicht für eine Auswahl aus der Welt halten, für einen

Teilaspekt der Wirklichkeit, ihm jedenfalls ginge es um die »restlose Verwandlung ins Herrliche hinein«. Natürlich gibt es in der Welt das Häßliche und Schreckliche, aber auch da mag sich ein künftig Gültiges abzeichnen.

»Es kann im Schrecklichen nichts so Absagendes und Verneinendes geben, daß nicht die multiple Aktion künstlerischer Bewältigung es mit einem großen, positiven Überschuß zurückließe, als ein Dasein-Aussagendes, Sein-Wollendes: als einen Engel.«

Das ist ein großes künstlerisches Programm, das wohl alle Möglichkeiten ästhetischer Bemühung übersteigt. Doch dabei wird ein Vorhaben sichtbar, das Rilke sein Leben lang begleitet hat: dazu beizutragen, durch die ausgehaltene Not und das durchgestandene Leid eine andere Ebene zu erreichen, die sich dem Neuen und Künftigen verpflichtet weiß. Und wenn Rilke von einem ›Engel‹ spricht, der dann aufscheint, dann steht dieser Engel für das Neue, das vorher nicht in die Sichtbarkeit getreten ist. Wenn wir uns gegen die Wandlungen sperren, blockieren wir das Vorankommen. Die Einübung des Abschiednehmens wird vor allem akut, wenn wir uns am Sterbebett eines uns lieben Menschen wiederfinden und uns am liebsten an ihm festklammern wollen. – An Elisabeth Freiin Schenk zu Schweinsberg schrieb er am 4. November 1909 aus Paris (sie hatte gerade ihre Schwester verloren): »Die Stunde des Sterbens, die diese Einsicht einem jeden abringt, ist nur eine von unseren Stunden und keine ausnahmsweise: Unser Wesen geht immerfort in Veränderungen über und ein, die an Intensität vielleicht nicht geringer sind als das Neue, Nächste und Übernächste, das der Tod mit sich bringt. Und so wie wir einander an einer bestimmten Stelle jenes auffallendsten Wechsels ganz und gar lassen müssen, so müssen wir, strenggenommen, einander jeden Augenblick aufgeben und weiterlassen und nicht zurückhalten.«

Das Wandlungsgeschehen ist abhängig von einer ›Fähigkeit‹ des Abschiednehmens, sollen wir nicht in einem »fortschrittslosen Mittelmaß« steckenbleiben. Aber es bleibt die Frage, was vom bisher Erreichten und Gestaltgewordenen bleiben, was ins Künftige eingehen kann. Das Schwinden und Dahingehen alles Irdischen ist eine bedrückende Erfahrung; gibt es vielleicht auch eine korrespondierende Erfahrung einer Verwandlung ins Bleibende? Diese Fragestellung hat Rilke vor allem in der Zeit der Entstehung der Duineser Elegien bewegt. Schon in einem 1914 verfaßten Gedicht scheint sich eine Vision anzukündigen, daß nämlich der Außenwelt eine Innenwelt entsprechen könnte.

Durch alle Wesen reicht der eine Raum:
Weltinnenraum. Die Vögel fliegen still
durch uns hindurch ...

Rilke hat darunter gelitten, daß sich die Vielgestaltigkeit der sichtbaren Dinge in der Moderne auflöst, daß die Vertrautheit mit den Gegenständen nicht mehr vorhanden ist oder die Gegenstände doch ihre Bedeutungsfülle eingebüßt haben. Die Phänomene weisen nicht mehr über sich hinaus, sie verstummen. In seinem Brief an Witold Hulewicz vom 13. November 1925 hat Rilke dieser Klage um den Substanzverlust der Dinge Ausdruck gegeben:

»Noch für unsere Großeltern war ein ›Haus‹, ein ›Brunnen‹, ein ihnen vertrauter Turm, ja ihr eigenes Kleid, ihr Mantel: unendlich mehr, unendlich vertraulicher; fast jedes Ding ein Gefäß, in dem sie Menschliches vorfanden und Menschliches hinzusparten. Nun drängen, von Amerika her, leere gleichgültige Dinge herüber, Schein-Dinge, *Lebens-Attrappen* ... Ein Haus, im amerikanischen Verstande, ein amerikanischer Apfel oder eine dortige Rebe, hat *nichts* gemeinsam mit dem Haus, der Frucht, der Traube, in die Hoffnung und Nachdenklichkeit unserer Vorväter eingegangen war ... Die belebten, die erlebten, die *uns mitwissenden* Dinge gehen zur Neige und können nicht mehr ersetzt werden.

Wir sind vielleicht die Letzten, die noch solche Dinge gekannt haben. Auf uns ruht die Verantwortung, nicht allein ihr Andenken zu erhalten (das wäre wenig und unzuverlässig), sondern ihren humanen und larischen Wert. (›Larisch‹, im Sinne der Haus-Gottheiten.) Die Erde hat keine andere Ausflucht, als unsichtbar zu werden: in uns, die wir mit einem Teile unseres Wesens am Unsichtbaren beteiligt sind.«

In diesem Text kommt eine deutlich kulturpessimistische Einstellung Rilkes zum Vorschein, die man teilen mag oder auch in Frage stellen. Daß sich unsere Welt, die gegenwärtige Gesellschaft, der ganze komplizierte Globus in einem Wandlungsprozeß befindet, noch viel rasanter als zur Lebenszeit Rilkes, und daß dabei viele unserer vertrauten Verständigungsmuster verschwinden, wird man kaum in Frage stellen können. Gerade am Beispiel der immer mächtiger werdenden Biotechnik, die auch in Bereiche eindringt, die bisher noch verschlossen waren, kann man fast täglich dabei zusehen, wie schnell die Verkünstlichung vorankommt und die Vorstellung der ›Machbarkeit‹ der Dinge sich durchsetzt. – Aber Rilke war nicht geneigt zu resignieren oder gar in Verzweiflung zu verfallen. Er hat in den Duineser Elegien eine andere Perspektive angedeutet, vor allem in der siebten und neunten:

Nirgends, Geliebte, wird Welt sein, als innen. Unser
Leben geht hin mit Verwandlung. Und immer geringer
schwindet das Außen. Wo einmal ein dauerndes Haus war,
schlägt sich erdachtes Gebild vor, quer, zu Erdenklichem

völlig gehörig, als ständ es noch ganz im Gehirne.
Weite Speicher der Kraft schafft sich der Zeit-
geist, gestaltlos
wie der spannende Drang, den er aus allem gewinnt.

Hier wird nicht die Klage über das Schwinden der Dinge angestimmt, sondern der Akzent gerade auf ein erstaunliches Äquivalent gelegt: es tun sich weite Räume einer geistigen Kraft auf. Was sich da aber ereignet, ist keine Automatik, die man sich selbst überlassen könnte, der Mensch hat dabei seinen Beitrag zu leisten. In der neunten Elegie heißt es:

Erde, ist es nicht dies, was du willst: u n s i c h t b a r
in uns erstehn? – Ist es dein Traum nicht,
einmal unsichtbar zu sein? – Erde! unsichtbar!
Was, wenn Verwandlung nicht, ist dein drängen-
der Auftrag?
Erde, du liebe, ich will. Oh glaub, es bedürfte
nicht deiner Frühlinge mehr, mich dir zu gewin-
nen –, e i n e r,
ach, ein einziger ist schon dem Blute zu viel.
Namenlos bin ich zu dir entschlossen, von weit
her.
Immer warst du im Recht, und dein heiliger
Einfall
ist der vertrauliche Tod.

Wie kommt es nun, daß Rilke, der doch so nachdrücklich für das ›Hiesige‹ eintritt, für die Sichtbarkeit der Dinge, die sinnenhafte Wahrnehmung, daß er hier plötzlich für das Unsichtbarwerden eintritt, für eine Verwandlung ins Geistige? Rilke muß es wie eine Berufung in sich gespürt haben, für eine Transformation der Welt einzutreten, für einen gleichsam ›globalen‹ Gestaltwandel. Wenn schon alles hinschwindet und seine ursprüngliche Substanz einbüßt, dann müssen wir wenigstens alles Erlebte und Erfahrene so innerlich durchdringen, daß es bei uns unverlierbar beheimatet wird. Von einer christlichen Interpretation seiner Vorstellung der Metamorphose wollte er nichts wissen. An Witold Hulewicz schreibt er:

»Wir, diese Hiesigen und Heutigen, sind nicht einen Augenblick in der Zeitwelt befriedigt, noch in sie gebunden; wir gehen immerfort über und über zu den Früheren, zu unserer Herkunft und zu denen, die scheinbar nach uns kommen. In jener größten *›offenen‹* Welt sind alle, man kann nicht sagen ›gleichzeitig‹, denn eben der Fortfall der Zeit bedingt, daß sie alle *sind*. Die Vergänglichkeit stürzt überall in ein tiefes Sein. Und so sind alle Gestaltungen des Hiesigen nicht nur zeitbegrenzt zu gebrauchen, sondern, soweit wirs vermögen, in jene überlegenen Bedeutungen einzustellen, an denen wir Teil haben. Aber *nicht im christlichen Sinne* (von dem ich mich immer leidenschaftlicher entferne), sondern in einem rein irdischen, tief irdischen, selig irdischen Bewußtsein gilt es, das *hier* Geschaute und Berührte in den weiteren, den weitesten Umkreis einzuführen. Nicht in ein Jenseits, dessen Schatten die Erde verfinstert, sondern in ein Ganzes, in das *Ganze*. Die Natur, die Dinge unseres Umgangs und Gebrauchs, sind Vorläufigkeiten und Hinfälligkeiten; aber sie sind, solang wir hier sind, unser Besitz und unsere Freundschaft, Mitwisser unserer Not und Freiheit, wie sie schon die Vertrauten unserer Vorfahren gewesen sind. So gilt es, alles Hiesige nicht nur nicht schlecht zu machen und herabzusetzen, sondern gerade, um seiner Vorläufigkeit willen, die es mit uns teilt, sollen diese Erscheinungen und Dinge von uns in einem innigsten Verstande begriffen und verwandelt werden. Verwandelt? Ja, denn unsere Aufgabe ist es, diese vorläufige, hinfällige Erde uns so tief, so leidend und leidenschaftlich einzuprägen, daß ihr Wesen in uns ›unsichtbar‹ wieder aufersteht.«

Es ist ein bedeutsamer Text, das spürt man gleich, aber er läßt viele Fragen offen und bleibt irgendwie unbefriedigend. Daß er nicht in gängige religiöse (oder gar kirchliche) Verstehensrahmen gespannt werden wollte, läßt sich gut nachvollziehen. Aber werden hier nicht zwei völlig unterschiedliche Perspektiven nebeneinander gestellt, die nicht so leicht miteinander zu vereinbaren sind? Einerseits geht es um eine ›poetische Verwandlung‹, die sich aber nur in Einzelnen ereignen kann und wohl kaum ein neues Bewußtsein der Menschheit bewirken kann. So kostbar eine Dichtung sein mag, kann sie zur ›Rettung‹ einer untergehenden Welt beitragen, kann sie das Sichtbare entbehrlich machen? – Auf der anderen Seite beschwört er eine Seinsperspektive, in der es unsere kontinuierliche Zeit nicht mehr geben wird, sondern alle und alles in einem großen Seinszustand währt. Das ist aber eine eschatologische Vision: das ›Rein-Irdische‹ wird hier deutlich überschritten. Rilke mag sich vehement vom Christlichen seiner Zeit absetzen, von seiner Wirkungsgeschichte – und gar seinen Wurzeln – kommt er nicht los. Die Zeit – Überzeit – Spekulationen finden sich von Augustin über Meister Eckhart bis in die Gegenwart. Eindrucksvoll postuliert er:

»Es gibt weder ein Diesseits noch Jenseits, sondern die große Einheit, in der die uns übertreffenden Wesen, die ›Engel‹ zu Hause sind.«

Ob er will oder nicht, das ist kein ästhetisches Programm, sondern eine eschatologische Perspektive, die der christlichen Botschaft ziemlich nahekommt.

Schwer ist zu Gott der Abstieg. Aber schau:
Du mühst dich ab mit deinen leeren Krügen,
und plötzlich ist doch: Kind sein, Mädchen,
Frau –
ausreichend, um ihm endlos zu genügen.

Er ist das Wasser: bilde du nur rein,
die Schale aus zwei hingewillten Händen,
und kniest du überdies –: Er wird verschwenden
und deiner größten Fassung über sein.

Widmung in einem Buch für Lotte Bielitz, Januar 1919.

XVII Der nahe und der ferne Gott

Rilke und sein Gottesverständnis, das ist ein so vielschichtiges Thema, daß hier nur ein paar Hinweise gegeben werden können. In seiner Jugend hatte er alle Mühe, das ihm nahegebrachte Verständnis von Gott und christlichem Glauben abzustreifen, zu ironisieren oder zu verfremden. Mit diesem Gott wollte er möglichst nichts zu tun haben. Aber die beiden Rußlandreisen machten ihn vertraut mit der Frömmigkeit des ostkirchlichen Christentums; diese Erfahrung hat sich ihm tief eingeprägt. Er hat es nie mehr vergessen.

Es war sicher nicht die dortige Theologie, die ihn beeindruckte, sondern die Bilderwelt der Ikonen, die Inbrunst der Mönchsgesänge, die schlichte Frömmigkeit der Bauern. In gewisser Weise ist das »Stundenbuch« das sichtbare Zeugnis und Vermächtnis dieser Reisen geworden. Der Gott, den er dort erfahren hat, ist ein Dunkel. Aber er ist überall verborgen anwesend, und man darf ihn nicht zu ›eindeutig‹ machen, weil er erst allmählich Gestalt anzunehmen scheint.

Mein Gott ist dunkel und wie ein Gewebe
von hundert Wurzeln.

Bei aller Nähe bleibt dieser Gott doch geheimnisvoll im Hintergrund und darf nicht naiv ausbuchstabiert werden, sonst vermenschlicht man das Geheimnishafte. Trotz seiner Liebe zu den Ikonen und ihrer strengen Formverpflichtung sah Rilke auch die Gefahr der Bilderwelt.

»Wir dürfen dich nicht eigenmächtig malen. (...)
Wir bauen Bilder vor dir auf wie Wände,
so daß schon tausend Mauern um dich stehn.
Denn dich verhüllen unsre frommen Hände,
sooft dich unsre Herzen offen sehn.

Sowohl die Nähe wie die Ferne Gottes wird erlebt: *Nur eine schmale Wand ist zwischen uns,* die Verständigung könnte »ohne Lärm und Laut« vor sich gehen. Die Voraussetzung ist allerdings, daß man sich um eine ganz neue Stille und Hörbereitschaft mühen müßte. Und eine neue Sprache wäre nötig, die unverbraucht ist und der unmittelbaren Erfahrung Ausdruck geben könnte:

Ich glaube an Alles noch nie Gesagte.

Was aber besonders auffällt an diesem Gott des »Stundenbuches« ist sein dynamischer Charakter: er ist erst im Werden, nimmt allmählich Gestalt an, wie ein mächtiger Dom, an dem viele Generationen bauen, um ihn zu vollenden. Gott scheint den Menschen zu brauchen, scheint auf ihn angewiesen zu sein, damit er zu sich selbst kommen und wirksam werden kann.

Wenn du der Träumer bist, bin ich dein Traum. Doch wenn du wachen willst, bin ich dein Wille …

Im Menschen scheint Gott zu seinem Bewußtsein zu kommen. Weil aber die überkommenen Gottesbilder zu kleinlich und auf jeden Fall unzureichend sind, kommt der Wunsch auf nach einem umfassenderen Bild.

Gemalt hätt ich dich: nicht an der Wand,
an den Himmel selber von Rand zu Rand,
und hätt dich gebildet, wie ein Gigant
dich bilden würde: als Berg, als Brand,
als Samum, wachsend aus Wüstensand …

Es gilt jedoch nicht allein die göttliche Größe zu entdecken, auch im Unscheinbaren und Verborgenen kann etwas vom göttlichen Geheimnis wahrgenommen werden, in den alltäglichen Dingen.

Ich finde dich in allen diesen Dingen,
denen ich gut und wie ein Bruder bin …

Größe und Verborgenheit scheinen sich zu entsprechen, sie werden als die Pole der göttlichen Dynamis angesehen. Einerseits sind wir Menschen die Handwerker, die dazu beitragen, daß Gott »kommende Konturen dämmern«, andererseits muß uns bewußt sein, wie klein wir in Wirklichkeit sind.

Du bist so groß, daß ich schon nicht mehr bin,
wenn ich mich nur in deine Nähe stelle.

Und doch ist der kleine Mensch offenbar für den großen Gott notwendig:

Was wirst du tun, Gott, wenn ich sterbe?
Ich bin dein Krug (wenn ich zerscherbe?)
Ich bin dein Trank (wenn ich verderbe?)
Bin dein Gewand und dein Gewerbe,
mit mir verlierst du deinen Sinn.

Oder ist Gott nicht doch der in allen Dingen und Wesen verborgen Anwesende, der jedem ein sinnstiftendes Wort zuraunt, das er dann im Laufe seines Lebens erhorchen und verwirklichen soll?

Laß dir Alles geschehn: Schönheit und Schrecken.
Man muß nur gehn: Kein Gefühl ist das fernste.
Laß dich von mir nicht trennen.
Nah ist das Land,
das sie das Leben nennen.

Die Hochgemutheit des Menschen ist immer mit seiner Demut verbunden. Was er wirkt, ist nicht sein eigenes wollendes Tun, ein Anderer handelt durch ihn und verwandelt die Welt. Es kommt aber darauf an, daß der Mensch diesen geheimen Anruf vernimmt und zu seiner Mitarbeit bereit ist.

Ich danke dir, du tiefe Kraft,
die immer leise mit mir schafft
wie hinter vielen Wänden.

Auch die Briefe, die in der Entstehungszeit des Stundenbuchs geschrieben wurden, atmen etwas von diesem Geist. So schreibt er am 23. Dezember 1903 an Franz Xaver Kappus:

»Und wenn es Ihnen bang und quälend ist, an die Kindheit zu denken und an das Einfache und Stille, das mit ihr zusammenhängt, weil sie an Gott nicht mehr glauben können, der überall darin vorkommt, dann fragen Sie sich, lieber Herr Kappus, ob Sie Gott denn wirklich verloren haben? Ist es nicht vielmehr so, daß Sie ihn noch nie besessen haben? Denn wann sollte das gewesen sein? Glauben Sie, ein Kind kann ihn halten, ihn, den Männer nur mit Mühe tragen und dessen Gewicht die Greise zusammendrückt?«

Und dann entwickelt er seine Idee, daß Gott der ›Anfanghafte‹ ist, der Künftige, dessen ›Aufscheinen‹ erst bevorsteht.

»Warum denken Sie nicht, daß er der Kommende ist, der von Ewigkeit her bevorsteht, der Zukünftige, die endliche Frucht eines Baumes, dessen Blätter wir sind? Was hält Sie ab, seine Geburt hinauszuwerfen in die werdenden Zeiten und Ihr Leben zu leben wie einen schmerzhaften und schönen Tag in der Geschichte einer großen Schwangerschaft? Sehen Sie denn nicht, wie alles, was geschieht, immer wieder Anfang ist, und könnte es nicht *Sein* Anfang sein, da doch Beginnen an sich immer so schön ist? Wenn er der Vollkommenste ist, muß nicht Geringeres *vor* ihm sein, damit er sich auswählen kann aus Fülle und Überfluß? – Muß er nicht der letzte sein, um alles in sich zu umfassen, und welchen Sinn hätten wir, wenn der, nach dem wir verlangen, schon gewesen wäre?«

In den Jahren nach Abschluß des Stundenbuches ist sehr viel seltener von Gott die Rede, andere Themen und Fragestellungen treten in den Vordergrund. Aber die Frage verstummt nicht, sie wird unter anderen Vorzeichen verhandelt. Der Engel und seine Vergegenwärtigung werden beschworen. Die Nacht als der uns mehr oder weniger bewußte dunkle Aspekt des Daseins wird heraufgerufen. Die unbefangene Art, von Gott zu sprechen, ist verlorengegangen, es werden eher Chiffren gesucht, die etwas von ihm auszudrücken vermögen. ›Hohe Worte‹ und eindeutige Bekenntnisse sind für Rilke nicht mehr die rechte Weise, von Gott zu sprechen. Wenn Rilke aber – gerade von jungen Menschen – nach seinem Gottesverständnis gefragt wird, dann gibt er behutsam und geduldig Antwort. Im Frühjahr 1920 bekommt Rilke einen Brief von Anita Forrer, einem jungen Mädchen aus Sankt Gallen, in dem viele Fragen nach seiner religiösen Überzeugung stehen. Er antwortet ihr:

»Die landläufige Frage, ob einer ›an Gott glaube‹, scheint mir (...) aus der falschen Voraussetzung hervorzugehen, als ob Gott auf dem Wege menschlicher Anstrengung und Überwindung überhaupt zu erreichen sei; denn immer mehr ist dem Begriff ›Glauben‹ die Bedeutung von etwas Mühsamen zugewachsen, ja sie hat gerade innerhalb des christlichen Bekenntnisses einen Grad angenommen, der befürchten ließe, daß eine Art Unlust zu Gott der ursprüngliche Zustand der Seele sei. Nichts aber ist weniger zutreffend. Nehme jeder des Moments wahr, da der Verkehr mit Gott sich ihm in unbeschreiblicher Hinreißung eröffnet; oder knüpfe er, in gründlicher Besinnung, an einen solchen oft unscheinbaren Augenblick an, da er zuerst, unabhängig von den Einflüssen seiner Umgebung, ja oft im Widerspruch zu ihr, von Gott ergriffen war. Es wird sich nicht leicht ein Leben finden, in welchem dieses Ereignis nicht früher oder später seine Stelle erzwingt, aber die Sanftmut dieses Zwanges ist so ungemein, daß die Meisten, von ausdrücklicheren Realitäten bedrängt, ihm keinen Werth beilegen; oder sie kommen nicht auf die Idee, es könnte sich da um ein religiöses Faktum handeln, eben weil sie schon dazu erzogen sind, religiöse Anstöße nur innerhalb der allgemeinen Vereinbarung zu empfangen, nicht dort, wo ihr Einsamstes und Eigenthümlichstes in Frage steht.«

Behutsam und einfühlsam möchte Rilke den Blick des Mädchens weiten, möchte die Engführung eines ›auferlegten‹ und ›abverlangten‹ Glaubens sprengen, um deutlich zu machen: da, wo du dich innerlich gemeint und ergriffen fühlst, wo du dein eigenes Geheimnis entdeckst, da kannst du auch religiöse Erfahrungen machen. – Gegenüber dem Begriff des Glaubens war Rilke skeptisch, zu sehr empfand er den ›verordneten‹ Glauben als bloße Vorschrift und Nötigung, wo es doch gerade darum gehen müßte, freudige Entdeckungen zu machen. Ihm ging es darum, »Gott aus der Gerücht-Sphäre in das Gebiet unmittelbarer Erlebbarkeit« zu versetzen, wie er es am 25. Januar 1921 an Pfarrer Rudolf Zimmermann schrieb, in dessen Nachbarschaft er eine Zeitlang wohnte. – In den letzten Tagen des Jahres 1921 schrieb Rilke aus seinem Turm in Muzot an Ilse Blumenthal-Weiß, eine junge Frau:

»Glauben! – Es gibt keinen, hätte ich fast gesagt. Es gibt nur – die Liebe. Die Forcierung des Herzens, das und jenes für wahr zu halten, die man gewöhnlich Glauben nennt, hat keinen Sinn. Erst muß man Gott irgendwo finden, ihn erfahren, als so unendlich, so überaus, so ungeheuer vorhanden –, dann sei's Furcht, sei's Staunen, sei's Atemlosigkeit, sei's am Ende – Liebe, was man dann zu ihm faßt, darauf kommt es kaum noch an, – aber der Glaube, dieser Zwang zu Gott, hat keinen Platz, wo einer mit der Entdeckung Gottes begonnen hat, in der es dann kein Aufhören mehr gibt, mag man an welcher Stelle immer begonnen haben.«

Man kann natürlich einwenden, Rilke habe einen viel zu eingeengten Glaubensbegriff gehabt, schließlich assoziieren wir ja mit Glauben auch Staunen,

Hoffnung und Liebe. Sein Verständnis eines wachsenden und sich verändernden Gottesbildes können wir sicher unmittelbar nachvollziehen, vor allem deshalb, weil es bei der Selbsterfahrung und der Besinnung auf die eigene Psyche ansetzt. – In einem Brief an Ilse Jahr, ebenfalls noch ein junges Mädchen, versucht er, seinen eigenen Weg religiöser Wandlungen zu skizzieren:

»Ich fing mit den Dingen an, die die eigentlichen Vertrauten meiner Kindheit gewesen sind, und es war schon viel, daß ich es ohne fremde Hilfe, bis zu den Tieren gebracht habe. (...)

Dann aber tat sich mir Rußland auf und schenkte mir die Brüderlichkeit und das Dunkel Gottes, in dem allein Gemeinschaft ist. So nannte ich ihn damals auch, den über mich hereingebrochenen Gott, und lebte lange im Vorraum seines Namens, auf den Knieen. (...)

Jetzt würdest Du mich ihn kaum je nennen hören, es ist eine unbeschreibliche Diskretion zwischen uns, und wo einmal Nähe war und Durchdringung, da spannen sich neue Fernen, so wie im Atom, das die neue Wissenschaft auch als ein Weltall im Kleinen begreift. Das Faßliche entgeht, verwandelt sich, statt des Besitzes erlernt man den Bezug, und es entsteht eine Namenlosigkeit, die wieder bei Gott beginnen muß, um vollkommen und ohne Ausrede zu sein. Das Gefühlserlebnis tritt zurück hinter einer unendlichen Lust zu allem Fühlbaren ..., die Eigenschaften werden Gott, dem nicht mehr Sagbaren, abgenommen, fallen zurück an die Schöpfung, an Liebe und Tod ...«

Das ist ein hochbedeutsamer Text. Man muß auf die Stichworte ›Vorraum‹ und ›Diskretion‹ achten, vor allem aber die Kennzeichnung Gottes: er ist der Namenlose, man muß darauf verzichten, von seinen ›Eigenschaften‹ zu sprechen. Rilkes Sprache ist vorsichtig und bleibt oft in der Andeutung, er betont den Schleier. In gewisser Weise bedient er sich der Ausdrucksweise der ›Negativen Theologie‹, die davon ausgeht, daß unsere Sprache und unsere Begriffe letztlich untauglich sind, etwas ›über Gott‹ aussagen zu können. Man kann höchstens sagen, wer und wie Gott nicht ist, um dem Unfaßbaren und Unbeschreibbaren Raum zu schaffen. Und wenn Gott schon nicht beschrieben und erfaßt werden kann, so kann man doch einen »Bezug« zu ihm herstellen.

Wir hören seit lange die Brunnen mit.
Sie klingen uns beinah wie Zeit.
Aber sie halten viel eher Schritt
mit der wandelnden Ewigkeit.

Das Wasser ist fremd und das Wasser ist dein,
von hier und d o c h nicht von hier.
Eine Weile bist du der Brunnenstein,
und es spiegelt die Dinge in dir.

Wie ist das alles entfernt und verwandt
Und lange enträtselt und unerkannt,
sinnlos und wieder voll Sinn.

Dein ist, zu lieben, was du nicht weißt.
Es nimmt dein geschenktes Gefühl und reißt
es mit sich hinüber. Wohin?

Im November 1922 entstandenes Sonett, das Rilke nicht in den Orpheus Zyklus aufnahm.

XVIII Der andere Bezug

Ein Dichter ist ein Grenzgänger, weil er sich oft auf Erfahrungen beruft, die sich noch schwer benennen lassen. Neuland hat noch keinen Namen, aber die ›Kartographie‹ der entdeckten Erdteile muß mit Namen versehen werden. Deshalb hat Dichtung für uns häufig den Charakter einer Fremdsprache, weil wir die Vokabeln noch nicht kennen und nun auch in ein Gebiet gelockt werden, das uns so unbekannt ist wie eine ferne Galaxie.

Wenn wir in unserer vertrauten Welt im Vorläufigen wohnen, fragen wir uns: was ist das Endgültige? Wenn wir immer nur Wandel beobachten: was ist das Unwandelbare? Wenn alles wieder untergeht: was ist das Bleibende? Dafür haben wir kein Vokabular. Rilke kennzeichnet diese Denkrichtung, diesen Horizont einer absoluten Zukunft mit dem schlichten Ausdruck »Bezug«. Kaum ein Wort seiner Sprache wird so mit einem Mehr an Bedeutung gefüllt wie dieser unscheinbare Begriff. In der neunten Duineser Elegie, die das Hiersein besingt und die Rühmung der einfachen Vorgänge leistet, steht auch der erstaunliche Abschnitt; bei dem gefragt wird:

Ach, in den andern Bezug,
wehe, was nimmt man hinüber?

Der »andere Bezug« ist offenbar eine vorsichtige Andeutung des Vollkommenen und Endgültigen. Was nach der ›Grenzüberschreitung‹ erfahren werden kann: wer könnte es wissen. Und auch die Frage, was da ›hinüber‹ genommen werden kann, läßt sich nicht eindeutig beantworten:

Nicht das Anschaun, das hier
langsam erlernte, und kein hier Ereignetes. Keins.
Also die Schmerzen. Also vor allem das Schwersein,
also der Liebe lange Erfahrung, – also
lauter Unsägliches.

Was uns geprägt hat, was wir durchlitten haben, das scheint am ehesten unverlierbar zu sein. Alles übrige ist offenbar entbehrlicher Ballast, es bleibt zurück. – Es ist naheliegend, an das 1914 entstandene Gedicht »Wendung« zu denken, in dem sich das lyrische Ich vor ein Gericht gestellt sieht, sein Dasein wird gewogen – und als zu leicht befunden. Darin heißt es:

da beriets in der Luft,
unfaßbar beriet es
über sein fühlbares Herz,
über sein durch den schmerzhaft verschütteten
Körper
dennoch fühlbares Herz
beriet es und richtete:
daß es der Liebe nicht habe.

(Und verwehrte ihm weitere Weihen.)

Denn des Anschauns, siehe, ist eine Grenze.
Und die geschautere Welt
will in der Liebe gedeihn.

Werk des Gesichts ist getan,
tue nun Herz-Werk.

Offensichtlich muß sich der Mensch dieser geheimnisvollen Instanz stellen, es wird darüber beraten, was da in einem Menschenleben Gestalt gewonnen hat und ob einer hinter seinem wahren Geheimnis zurückgeblieben ist. Immerhin: die durchlittenen Wehen, die Narben unserer Wunden, die bleiben uns erhalten, sie scheinen – als Zeichen unserer Reifung – unverlierbar. In den Sonetten an Orpheus (I/XII) werden wir allerdings auch getröstet: wir sollen gelassen und zuversichtlich unseren Weg gehen, nur die »Antennen« müssen ausgefahren sein:

»Ohne unsern wahren Platz zu kennen,
handeln wir aus wirklichem Bezug.
Die Antennen fühlen die Antennen,
und die leere Ferne trug ...«

Um diesen »Bezug« scheint sich alles zu drehen. Mal wird er der »große Bezug« genannt, manchmal der »wahre Bezug«, der »reine Bezug«, der

»harte Bezug«, der »unendliche Bezug« und der »unbeschreibliche Bezug«. Immer geht es darum, eine letzte »Bezogenheit« zu erkennen, sich im Gegenüber einer schwer faßbaren Transzendenz zu begreifen.

Im Februar 1924 entsteht in Muzot ein Gedicht, das im Hinblick auf dieses Unterfangen Mut macht. Die Winde haben sich gedreht, eine neue Situation ist eingetreten. Es ist Zeit, daß auch das Herz wieder die Hoffnung lernt. Wer jetzt dem »großen Bezug« standhält, dem kann eine Veränderung seines Daseins gewährt werden, die trennende Mauer bekommt Risse, der Blick ins Freie wird möglich: der Mond kann sein tröstliches Licht spenden. Das bisherige Gehäuse zerfällt, aber mit dem Mond kommt gleichsam eine andere Wirklichkeit ins Spiel. Es werden keine großen Versprechungen gemacht, keine Paradiese ausgemalt, aber das ganze Gedicht ist von einem Hauch neuer Hoffnung durchzogen:

Gieb deinem Herzen ein Zeichen,
daß die Winde sich drehn.
Hoffnung ist ohne gleichen
wenn sie die Göttlichen sehn.

Richte dich auf und verharre
still in dem großen Bezug;
leise löst sich die Starre,
milde schwindet der Bug.

Risse entstehn im Verhängnis
das du lange bewohnt,
und in das dichte Gefängnis
flößt sich ein fühlender Mond.

Zeittafel und Lebensstationen

1875	Am 4. Dezember wird Rilke in der Heinrichsgasse 19 in Prag geboren. Seine Schwester war bereits gestorben, er blieb das einzige Kind seiner Eltern. Sein Vater Josef Rilke war Inspektor bei der Prager Eisenbahngesellschaft. – Die Mutter war Sophia (genannt Phia), geborene Entz. Am 19. Dezember wird Rilke in der Kirche zu St. Heinrich in Prag getauft, seine Namen: René Karl Wilhelm Johann Josef Maria.
1882–1884	Besuch der von Piaristen geleiteten Deutschen Volksschule.
1884	Die Eltern leben in getrennten Wohnungen. Rilke bleibt bei der Mutter.
1886–1889	Besuch der Militärunterrealschule von St. Pölten (als ›Landesstipendiat‹).
1890–1891	Militäroberrealschule Mährisch-Weißkirchen.
1891–1892	Besuch der Handelsakademie in Linz.
Ab 1892	Private Vorbereitung auf das Abitur in Prag.
1894	Erste Buchveröffentlichung: »Leben und Lieder«.

1895	Abitur und Beginn des Studiums in Prag.
1896	Studium in München. Befreundet mit Wilhelm von Scholz und Jakob Wassermann.
1897	Begegnung mit Lou Andreas-Salomé. – Gemeinsamer Aufenthalt in Wolfratshausen. – Im Herbst Übersiedlung nach Berlin. »Traumgekrönt« erscheint, in Prag wird das Drama ›Im Frühforst‹ aufgeführt.
1898	In Berlin, Florenz und Zoppot. – Die Gedichtsammlung »Advent« erscheint; Erzählungen: »Am Leben hin«.
1899	In Berlin und Wien. Begegnung mit Schnitzler und von Hofmannsthal. Mit dem Ehepaar Andreas erste Rußlandreise; Besuche bei Leonid Pasternak und Tolstoi. – »Mir zur Feier« erscheint.
1900	Zweite Rußlandreise mit Lou Andreas-Salomé. Moskau, Kiew, Wolgafahrt, Petersburg. – Heinrich Vogeler lädt Rilke nach Worpswede ein. Begegnung mit Paula Becker und Clara Westhoff.
1901	Heirat mit der Bildhauerin Clara Westhoff. Wohnsitz in Westerwede. Geburt der Tochter Ruth.
1902	Westerwede, Haseldorf. Monographie

»Worpswede«. Erster Besuch in Paris. ›Das Buch der Bilder‹ erscheint.

1903 In Paris bei Rodin, Arbeit an der Monographie ›Auguste Rodin‹. Aufenthalt in Viareggio, Rom, Worpswede.

1904 In Rom. Einladung nach Skandinavien: Kopenhagen, Südschweden, Oberneuland bei Bremen. »Geschichten vom lieben Gott« erscheinen in Neuausgabe.

1905 Oberneuland, Dresden, Göttingen (bei Lou Andreas-Salomé), Berlin, Friedelhausen und Marburg. Nach Meudon bei Paris zu Rodin. – Erste Vortragsreise. – ›Das Stundenbuch‹ erscheint, erste größere Anerkennung.

1906 Paris. Zweite Vortragsreise. – Tod des Vaters in Prag. – Zerwürfnis mit Rodin. – Reise nach Flandern. – Einladung auf die Insel Capri. – ›Die Weise von Liebe und Tod des Cornets Christoph Rilke‹ erscheint, der größte Bucherfolg Rilkes.

1907 Capri, Paris. Dritte Vortragsreise. – Begegnung mit Rudolf Kassner in Wien. Aufenthalt in Venedig und Oberneuland. – ›Neue Gedichte‹ erscheinen.

1908 In Capri übersetzt Rilke die Sonette von Elizabeth Barrett-Brownings. – In Paris Begegnung mit Verhaeren und André Gide.

1909	Paris. Reisen in die Provence. In Paris Begegnung mit der Fürstin Maria von Thurn und Taxis. ›Requiem‹.
1910	Paris, Elberfeld, Leipzig (Freundschaft mit dem Ehepaar Kippenberg vom Insel-Verlag). – Jena, Weimar, Berlin, Rom. – Erster Besuch im Schloß Duino bei Triest. – Reise nach Böhmen zum Schloß Lautschin (Thurn und Taxis) und Janovic (Sidie von Nádhern´y). – Reise nach Algier, Tunis. ›Die Aufzeichnungen des Malte Laurids Brigge‹.
1911	Neapel, Ägypten: Dampferfahrt nilaufwärts bis Assuan. – Venedig, Paris. Bekanntschaft mit Emil Victor Freiherrn von Gebsattel. Im Herbst und Winter Aufenthalt in Schloß Duino.
1912	Die ersten Elegien entstehen in Duino. – In Venedig Bekanntschaft mit Eleonore Duse. – München und Paris. – Im Herbst Reise nach Spanien. Toledo, Ronda.
1913	Ronda, Madrid (intensive Beschäftigung mit der Bildwelt el Grecos), Paris. Zusammentreffen mit Franz Werfel in Hellerau bei Dresden. – ›Das Marienleben‹ erscheint.
1914	Aufenthalt in Paris, Berlin und Duino.

Bei Kriegsausbruch in Deutschland kann Rilke nicht mehr zurück nach Paris und verliert dort seine Habe.

1915 Vor allem in München wohnhaft. Zu seinem Freundeskreis gehören: Lulu Albert-Lasard, Regina Ullmann, Annette Kolb, Norbert von Hellingrath, Hans Carossa. – Einberufung nach Wien.

1916 Militärdienst in Wien, vor allem im Kriegsarchiv. Nach der Entlassung häufige Treffen mit Hugo von Hofmannsthal und Stefan Zweig. – Rückkehr nach München.

1917 Vor allem in München. In Berlin Treffen mit Graf Kessler.

1918 Kriegsende in München. – Anteilnahme an der Revolution (Eisner und Toller).

1919 Zu Vorträgen in die Schweiz eingeladen. Zürich, Bern, Winterthur (Begegnung mit den Brüdern Reinhart und mit Nanny Wunderly-Volkart). Genf, Soglio, Locarno.

1920 Locarno, Schönenberg bei Basel, Genf (Freundschaft mit Baladine Klossowska). Parisreise. – Schloß Berg am Irchel.

1921 Berg, Etoy am Genfer See. ›Entdeckung‹ des Turmes Muzot bei Sierre im Wallis.

1922 Vollendung der Duineser Elegien. Die

Sonette an Orpheus. In Deutschland heiratet Rilkes Tochter Ruth Rilke Carl Sieber.

1923 Übertragung von Gedichten Paul Valerys. Die »Duineser Elegien« und »Die Sonette an Orpheus« erscheinen.

1924 Erster Klinikaufenthalt in Valmont am Genfer See. Mit der Fürstin Thurn und Taxis in Bad Ragaz.

1925 Von Januar bis August in Paris. Muzot, Bern, Bad Ragaz. Häufige Krankheiten.

1926 In Valmont, Bad Ragaz und Lausanne, dazwischen in Muzot. ›Vergers‹, ein Band mit französischen Gedichten, erscheint. Am 29. Dezember stirbt Rilke in Valmont an Leukämie.

1927 Am 2. Januar wird Rilke in Raron im Wallis beigesetzt.

Literaturhinweise

Rainer Maria Rilke, Sämtliche Werke, Insel Werkausgabe in 12 Bänden, Frankfurt am Main 1975.

Rainer Maria Rilke, Werke in sechs Bänden, Frankfurt am Main 1982.

Rainer Maria Rilke, Briefe, herausgegeben vom Rilke-Archiv, drei Bände, Frankfurt am Main 1987.

Rainer Maria Rilke, Werke, kommentierte Ausgabe in vier Bänden, Frankfurt am Main 1996.

Rainer Maria Rilke/Lou Andreas Salomé, Briefwechsel, herausgegeben von Ernst Pfeiffer, Frankfurt am Main 1989.

Rainer Maria Rilke, Briefe in zwei Bänden, herausgegeben von Horst Nalewski, Frankfurt am Main 1991.

Rainer Maria Rilke, Briefwechsel mit Anton Kippenberg, zwei Bände, herausgegeben von Ingeborg Schnack und Renate Scharffenberg, Frankfurt am Main 1995.

Rainer Maria Rilke und Marie von Thurn und Taxis, Briefwechsel, zwei Bände, Frankfurt am Main 1986.

Rainer Maria Rilke, Briefe an Nanny Wunderly-

Volkart, zwei Bände, herausgegeben von Rätus Luck, Frankfurt am Main 1977.

Rainer Maria Rilke, Briefe an Schweizer Freunde, herausgeben von Rätus Luck, Frankfurt am Main 1994.

Rainer Maria Rilke, Briefe zur Politik, herausgegeben von Joachim W. Storck, Frankfurt am Main 1992.

Rainer Maria Rilke, Briefe aus den Jahren 1914 bis 1921, herausgegeben von Ruth Sieber-Rilke und Carl Sieber, Leipzig 1938.

Rainer Maria Rilke, Briefe aus Muzot 1921–1926, herausgegeben von Ruth Sieber-Rilke und Carl Sieber, Leipzig 1937.

Rainer Maria Rilke, Briefwechsel mit Regina Ullmann und Ellen Delp, herausgegeben von Walter Simon, Frankfurt am Main 1987.

Rainer Maria Rilke, Briefwechsel mit den Brüdern Reinhart 1919–1926, herausgegeben von Rätus Luck, Frankfurt am Main 1988.

Rainer Maria Rilke, Die Briefe an Karl und Elisabeth von der Heydt 1905–1922, herausgegeben von Ingeborg Schnack und Renate Scharffenberg, Frankfurt am Main 1986.

Rainer Maria Rilke, Briefwechsel mit Magda von Hattingberg ›Benvenuta‹, herausgegeben von Ingeborg Schnack und Renate Scharffenberg, Frankfurt am Main 2000.

Rainer Maria Rilke, Die Briefe an Gräfin Sizzo 1921–1926, herausgegeben von Ingeborg Schnack, Frankfurt am Main 1985.

Rainer Maria Rilke und Rudolf Kassner, Freunde im Gespräch, herausgegeben von Klaus E. Bohnenkamp, Frankfurt am Main 1997.

Rainer Maria Rilke/Mathilde Vollmöller, Briefwechsel, herausgegeben von Barbara Glauert-Hesse, Frankfurt am Main 1993.

Rainer Maria Rilke, Briefe an einen jungen Dichter, Leipzig 1929.

Ilse Erdmann – Rainer Maria Rilke, Ein Briefwechsel, herausgegeben von W. Kölmel, Waldkirch 1998.

Rainer Maria Rilke, Chronik seines Lebens und seines Werkes, zwei Bände, verfaßt von Ingeborg Schnack, Frankfurt am Main 1990.

Rainer Maria Rilke, Leben und Werk im Bild, von Ingeborg Schnack, Frankfurt am Main 1973.

Rilke, Leben, Werk und Zeit in Texten und Bildern, herausgegeben von Horst Nalewski, Frankfurt am Main 1992.

Rainer Maria Rilke und die Schweiz, herausgegeben von Jacob Steiner, Zürich 1992.